管理沟通的思维与技能：
四大管理、五大思维、六大能力

程红星 著

哈尔滨出版社

图书在版编目（CIP）数据

管理沟通的思维与技能：四大管理、五大思维、六大能力／程红星著. —哈尔滨：哈尔滨出版社，2023.2
ISBN 978-7-5484-6916-2

Ⅰ．①管… Ⅱ．①程… Ⅲ．①企业管理 Ⅳ．①F272

中国版本图书馆CIP数据核字（2023）第229936号

书　　名：	管理沟通的思维与技能：四大管理、五大思维、六大能力
	GUANLI GOUTONG DE SIWEI YU JINENG：SIDAGUANLI、WUDASIWEI、LIUDANENGLI
作　　者：	程红星　著
责任编辑：	滕　达
装帧设计：	西辞教育
出版发行：	哈尔滨出版社（Harbin Publishing House）
社　　址：	哈尔滨市香坊区泰山路82-9 号　　邮编：150090
经　　销：	全国新华书店
印　　刷：	武汉市首壹印务有限公司
网　　址：	www.hrbcbs.com
E－mail：	hrbcbs@yeah.net
编辑版权热线：（0451）87900271　87900272
销售热线：（0451）87900202　87900203
开　　本：	787mm×1092mm　1/16　　印张：9.75　　字数：200千字
版　　次：	2023年2月第1版
印　　次：	2023年2月第1次印刷
书　　号：	ISBN 978-7-5484-6916-2
定　　价：	48.00元

凡购本社图书发现印装错误，请与本社印制部联系调换。
服务热线：（0451）87900279

前　言

目前，中国市场经济化程度越来越高，对外开放度也是前所未有，国外越来越多的销售行业也蜂拥进入中国市场。每一个销售员都有这样深刻的感受：竞争对手太多，生意太不好做了。曾有人戏言："天上掉下块陨石，砸倒十个人，有一半儿是做销售的。"也许言过其实，但随着销售员的队伍的壮大，大家都在争抢同一碗饭吃，于是很多问题随之而生。那么怎样才能排在队伍的前列，怎样才能把销售工作做得更好呢？

在这个过程中，有的销售员冲破了重重阻力，在实践中回答了这些问题；而有的销售员经受几次挫折后，开始抱怨自己根本就不是做销售的料。其实，这些问题并非无法解决，只是答案适合他却未必适合她，适合你却无法适合我。与其苦苦等待一个"万能"的答案，不如自己多栽几个跟头，多撞几次南墙，跌跌撞撞中，你会发现，离"万能"答案越来越近了。

众所周知，管理是一件非常复杂的事情，并没有什么定式，正所谓"没有最好，只有最合适"的管理理念。传统的管理者大多采用高压的方式管理员工，认为领导就要有当领导的样子，就有资格对员工发号施令。如今，这种高压式的管理方式早已被淘汰了，取而代之的是人性化管理。管理者不仅要以身作则、平等沟通、协调矛盾、以情感人，更要懂得以理服人、提携后进、调理阴阳，等等。

《管理沟通的思维与技能：四大管理、五大思维、六大能力》从三大方向十五个小方面出发，分析管理及沟通方面的技巧与技能，使读者在阅读本书时，既明确了怎么做，又获得了大量知识。

目 录

四大管理 ··· 1

一、解析情绪，掌握职场命运 ·· 1
- 控制愤怒：一生气你就输了 ·· 2
- 停止抱怨：改变不了世界，就改变自己 ··················· 7

二、观念影响人生，心态改变命运 ································ 11
- 从现在开始，发掘心态的力量 ·································· 12
- 七项修炼，引爆心态的惊人力量 ······························ 16

三、让高端圈子成为你的有效资源 ································ 22
- 维护伙伴关系不是索取而是给予 ······························ 23
- 懂得收缩朋友圈子 ·· 24
- 朋友维护需要细节之中见真情 ·································· 26
- 电话中解决不了的问题最好当面解决 ······················ 27

四、高效时间管理，让职场加速 ···································· 28
- 知道做什么 ·· 29
- 提升工作效率 ·· 34

五大思维 ··· 39

一、黄金队伍，从责任感开始 ·· 39
- 选择了工作就是选择了责任 ······································ 40
- 每一个岗位都有一份责任 ·· 41
- 有责任感的员工最受企业欢迎 ·································· 42
- 世上没有做不好的工作，只有不负责的人 ············· 43
- 让责任感成为自己的工作习惯 ·································· 44

二、团队执行，结果第一 ·· 45
- 做结果，做任务 ·· 47

- 如何做结果 ·· 50
三、永远保持一颗敬畏之心 ·· 56
- 敬畏生命 ·· 56
- 敬畏自然 ·· 58
四、企业人要有担当精神 ·· 60
- 不辱使命敢于担当 ·· 60
- 严格要求，在其位谋其事 ·· 68
五、成长的历练需要不断积累 ·· 80
- 激发自己的潜能 ·· 82
- 持续充电，提升核心竞争力 ·· 88

六大能力 ·· 96
一、人生就要不断精进 ·· 96
- 精益学习使自己不可或缺 ·· 97
- 学习是开启成功之门的钥匙 ·· 98
- 书籍是掌握好人生航舵的绝妙手段 ·· 98
- 工作是最好的学习场所 ·· 99
- 向他人学习使你步入快车道 ·· 99
- 学以致用，化知识为能力 ··· 100
二、做正确的选择与决策 ··· 100
- 决策思维，指点迷津 ··· 101
- 企业决策，为经营加分 ··· 108
三、立刻行动，打造完美执行能力 ··· 110
- 执行的最大成本——沟通 ··· 111
- 营造执行的环境——开放分享的两大原则 ································· 112
四、有效工作才能获得完美结果 ··· 113
- 不同的时间排列，不同的职场人生 ······································· 115
- 赢在工作起跑线上 ··· 118
- 排除工作中的各种干扰 ··· 121

五、学会感恩，懂得感谢他人付出……123
- 感恩精神是立足社会的根本……124
- 感恩工作每一天……125
- 拥有需要感恩……126
- 企业是你生存和发展的平台……126
- 请爱上自己的工作……127
- 享受工作着的幸福……128

六、意志力是成功的先导……129
- 销售时代，我们到底缺乏什么……131
- 不可不知的意志力……132
- 意志力挣扎：马与骑手的拉锯战……133

萨震精神……136
- 永远保持一个好心态……136
- 永远保持自信……137
- 拒绝恐惧感……138
- 端正自己的职业态度……139
- 不卑不亢，赢得尊重……139
- 视拒绝为正常……140
- 向更高目标看齐……141

参考文献……145

四大管理

一、解析情绪，掌握职场命运

情绪管理可以说是一个人的最重要的一项管理。一个人如果情绪不对，做任何事情都是做不好的。能力再强，如果情绪控制不好，那么你的结果也不会好。情绪不对，你的人际关系会变得非常的糟糕。有一句话是这样说的：先处理心情再处理事情。情绪不对，心情不好，那么事情就很难处理好。

情绪是智慧的天敌。在《三国演义》里，可以说能力与实力最强的应该是袁绍，但袁绍就是因为情绪管理不好，很容易情绪失控，所以最有实力的虽然是袁绍，但却败得最快。

我们每个人都容易受到情绪的管控，我们说"一念上天堂，一念下地狱"，这里的"念"是怎么来的呢？世界上，最快的不是光也不是电，而是人的念。当一件事情发生时，我们的念就会在一瞬间产生。正念就会产生好的情绪，负念就会产生不好的情绪。正念就是凡事我应该，负念是凡事别人应该。正念是从自己身上去找原因，负念是从他人身上去找原因。当我们产生正念时，就会产生好的情绪，好的情绪就会产生好的行为，好的行为就会产生好的结果。

比如开车出门遇到交通事故或者跟别人之间出现交通事故时，你会产生负念，指责别人是怎么开车的。如果产生正念则是：没事，这都是小事，还好只是车子碰到了，人没事。如果产生负念就容易引发不好的情绪，跟别人起冲突。而正念会引导自己："没事，说不定还能交个朋友，因祸得福。"

在工作和生活中，人们有时候会出现争吵或者其他矛盾，其实没有对与错，只有得与失，我们要去评估。比如在工作中，团队共同去完成一项任务，因为某一个人没有做好，所以这个事情最终的结果是不好的。假如你是团队中的一员，你是去抱怨是因为某某人犯了错所以任务失败，还是说为了结果的好，要全力以赴去挽救？选择的过程就是情绪管理，我们不应该去纠结是谁犯的错，而应该首先全力以付地去解决问题，围绕整个团队的目标，完成团队的任务。通常，我在企业中处理团队之间的事情时也是一样。我首先会看，在团队出现错误的时候，谁在抱怨错误，谁在解决问题。永远是解决问题的人，更值得团队去珍惜。

·控制愤怒：一生气你就输了

1.爆发的愤怒是地狱之火

愤怒是一座活火山，它爆发的时候，会将一切美好化为灰烬。

生活中，常有这样那样的事令人心生愤怒，而人在火冒三丈的时候，伤害的不仅是别人，更是自己。世间万物，危害健康最甚者，莫过于怒气。"气"乃身体的主宰，与人体健康关系甚密。

生气和发怒是身心健康的最大障碍。控制自己的情绪，并冷静地应对一切，这是控制人性中不良因素的体现。为小事动怒、为小事发狂是很多人都会犯的毛病。遇事不能冷静思考，而是一味地发怒，并不能很好地解决问题。

人有时不能控制自己的怒气，为了生活中大大小小的事情勃然大怒或者愤愤不平。愤怒由对客观现实某些方面的不满而生成，比如遭到失败、遇到不平、言论遭人反对、无端受人侮辱、隐私被人揭穿、上当受骗等都会让人产生愤怒情绪。表面看起来这是由于自己的利益受到侵害或者被人攻击和排斥而激发的自尊行为，其实，用愤怒的情绪困扰灵魂，乃是一种自我伤害。

古代的皮索恩是一个品德高尚、受人尊敬的军事领袖。一次，一个士兵侦察回来，当皮索恩问到和他一起去的另一个士兵去哪儿了时，这个士兵吱吱呜呜了半天，也没能说清楚另一个士兵的下落。皮索恩对此感到愤怒极了，当即决定处死这个士兵。

就在这个士兵被带到绞刑架前即将动刑时，那个失踪的士兵回来了。这本来是一件令人喜悦的事情，但皮索恩却不这样认为，他认为这是不能容忍的事情，令他颜面扫地，"羞愧"让他更加暴怒，最终处死了三个人。（第三人是拒绝行刑的刽子手。）

在皮索恩身上，令人遗憾和痛心地表现出了愤怒摧毁理智的现象。而理智正是灵魂的高贵所在，如果人们任由灵魂自我伤害而不进行干预，这种无动于衷该有多么的悲哀。我们愤怒于别人的言行，让愤怒占据了大部分的灵魂空间，灵魂负载着重担，再无法关照自身，更不能得到任何形式的提升，反而人在愤怒情绪的支配下更加容易丧失理智，甚至越来越远离人的高贵，接近动物的蒙昧和愚蠢。

折磨我们的是我们的愤怒情绪，而非他人的一些令人愤怒的行为。控制自己的愤怒情绪，从而避免灵魂受到伤害，是完全在我们的力量范围之内的。

做人做事过于情绪化，则表明这个人心智还不够成熟。当我们怒火中烧的时候，一定要克制自己的情绪。当我们被愤怒控制，处于激动之中时，会做出许多让我们懊悔的事情。所以，为了避免被暴力、乖张、嫉妒、愤怒等不良情绪控制，我们要学会用感恩、知足、反省、乐观等观念来控制情绪。

2.平和心灵助你平息愤怒情绪

生活中，我们通常会遇到一些令我们感到不能容忍的事情，比如恶意的指控、无端的陷害、好心好意被人误解等。如果因为这些而大动肝火只会让事情越来越不可收拾。所以，在生活中，只有能控制自己脾气的人才是自己情绪真正的主人。

在20世纪60年代早期的美国，有一个很有才华、曾经做过大学校长的人竞选美国中西部某州的议会议员。此人资历很高，又精明能干、博学多识，看起来很有希望赢得选举的胜利。

但是，在选举的中期，有一个很小的谣言散布开来：三四年前，在该州首府举行的一次教育大会中，他跟一名年轻女教师"有那么一点儿暧昧的行为"。这实在是一个弥天大谎，这个候选人对此感到非常愤怒，并尽力想要为自己辩解。由于按捺不住对这一恶毒谣言的怒火，在以后的每一次集会中，他都要站起来极力澄清事实，证明自己的清白。

其实，大部分的选民根本没有听到过这件事，但是，现在人们却越来越相信有那么一回事，真是越抹越黑。公众反问："如果你真是无辜的，为什么要百般为自己狡辩呢？"如此火上加油，这个候选人的情绪变得更坏，声嘶力竭地在各种场合为自己澄清，谴责谣言的传播者。最令人感到悲哀的是，连他的太太也开始转而相信谣言，夫妻之间的亲密关系被破坏殆尽。最后他失败了，从此一蹶不振。

曾经在战场所向披靡的拿破仑也说过："我就是胜不了我的脾气。"人往往很难战胜自己的脾气，在怒火中烧、一触即发的时刻，人是否会想到"脾气来了，福气就没了"的道理？

约翰·弥尔顿说过这样一句话："一个人如果能够控制自己的激情、欲望和恐惧，那他就胜过国王。"如果我们能控制住自己的情绪，事情或许就会有另外一种结果。

能够控制自我情绪是人与动物的最大区别之一。脾气的好坏，全在自己。只要懂得克制，脾气这匹烈马就会被紧紧牵住，无法脱缰招惹是非。但克制只是治标不治本的方法，真正的良药在于拥有一个平和的心灵，只有平和才是脾气最好的转换器。

学会调节自我情绪，不要等一切都无法挽回的时候，再懊恼自己当时的所作所为。

3.愤怒，是安宁生活的阴影

有一个重要的客户正在等着你，可交通比平时还要拥挤，车子几乎走不动，你连等了六个红绿灯，终于，你要开过去了，突然一辆卡车闯到你的前面，你狂按喇叭，那个司机回敬你一丝嘲笑，然后加大油门，飞驰而去。在超市排队结账时，一个女顾客推着装得满满的购物车插队在你前面，你跟她理论，她却对你不理不睬。你为了一个至关重要的项目辛苦工作几个月，而你懒散的同事却得到了提升，这个同事不仅没有对你表示感谢，还在背后嘲笑你。遇到这些情况，相信你一定会大为光火，如果是这样，就说明愤怒的情绪已经影响到你的生活。

如果我们的心中存在不满，就总想找地方发泄出去，而最为直接的发泄方式就是发脾气。很多人认为，发脾气是最好的发泄方式，因为如果事情一直憋在心里，很容易憋出病来。如果宣泄出去了，心里就得到了放松，情绪上也会趋向平稳了。可是这样的说法是错误的。因为我们每个人都是相互影响的，一个人的怒火在发脾气中得到了释放，那么必定会有其他人受到这种不良情绪的影响，身心都受到委屈。如果每个人都选择用发脾气的方式来宣泄自己，那么这个世界恐怕再无和平与安宁了。

"控制"不是说有什么事情都不说，有什么委屈都不去反抗，而是将大事化小，小事化无。试想，我们每天都会面对很多人，经历很多事情，如果别人不小心踩了你就觉得受到了莫大的委屈，之后就要发脾气，那不是太不值得了吗？

既然我们每个人都能影响别人和受别人影响，那么我们何不放下心中的怒火，给别人一片安宁呢？这样，我们从别人那里得到的，也将是一片安宁。

4.冲动，是幸福的刽子手

在种种消极情绪中，冲动无疑是破坏力最强的情绪之一，它是低情商的表现。每个人在生活中都会遇到不合自己心意的事，这时候如果不保持冷静，不克制自己的冲动行为，就会为此付出代价。一个聪明的人，不应让坏情绪控制自己，而是应该自己去控制坏情绪，成为情绪的主宰。

生活中许多人，往往控制不住自己的情绪，任性妄为，结果引火烧身，给自己和别人带来麻烦。所以，我们要学会控制自己的冲动，学会审时度势，千万不能放纵自己的情绪。每个人都有冲动的时候，尽管冲动是一种很难控制的情绪。

培根说："冲动就像地雷，碰到任何东西都一同毁灭。"如果不注意培养冷静平和的性情，一旦碰到不如意的事就暴跳如雷，情绪失控，就会让人陷入自我创造的灾害之中。

愚蠢的行为大多是在手脚转动得比大脑还快的时候产生的。在遇到与自己的主观意向发生冲突的事情时，若能冷静地想一想，不仓促行事，也就不会有冲动，更不会出现事后懊悔的情况了。

大多数成功者都是对情绪能够收放自如的人。这时，情绪已经不仅仅是一种感情的表达，更是一种重要的生存智慧。如果不注意控制自己的情绪，随心所欲，就可能带来毁灭性的灾难。情绪控制得好，则可以帮人化险为夷。

所以，作为情绪的主人，我们应该培养自我心理调节能力，这是一种理性的自我完善。这种心理调节能力，在实际行为上显示出强烈的意志力和自制力。它使人以平和的心态来面对人生中的起起落落，保持与他人交往时的淡定从容。

5.不要被怒火冲昏头脑

每个人都免不了动怒，对别人动怒必然会引起人际关系的矛盾冲突。而能不能消除愤怒情绪与人的情绪控制能力有关。

其实，并非人人都会不时地表露自己的愤怒情绪，愤怒这一习惯行为可能连你自己也不喜欢，更不用说他人感觉如何了。因此，大可不必对它留恋不舍，它并不能帮助你解决任何问题。任何一个精神愉快、有所作为的人都不会让它跟随自己。

愤怒既是自主行为，又是一种习惯。它是经历挫折的一种后天性反应，是以自己所不欣赏的方式消极地对待违背主观意志的现实。事实上，极端愤怒是精神错乱——每当不能控制行为、失去理智时，人便有些精神错乱了。

愤怒是大脑思考后产生的一种结果，而不是无缘无故的。当遇到不合意愿的事情时，人通常会认为事情不应该这样或那样，于是感到沮丧、灰心，然后，便会做出愤怒的反应，认为这样会解决问题。

愤怒容易让人失去理智，把一点小事看得像天一样大。过于认真让人们夸张了自身受到的伤害。他们以为愤怒可以让自己在别人眼中更具有权力，其实不是这样的。这样不仅不会被认为拥有权力，反而会被认为缺乏理智，难成大器。怒气会使人失去别人的敬意，他们会认为你缺乏自制力而更加轻视你。

如果仍然决定保留心中愤怒的火种，也可以用不损害别人感情的方式来发泄愤怒。但是，是否可以在沮丧时以新的思维支配自己，且以一种更为健康的情绪来取代愤怒呢？虽然世界绝不会像你所期望的那样完美，你很可能会继续厌烦、生气或失望，但不管怎样，愤怒是完全可以消除的。

抑制自己的愤怒并不能从根本上解决问题。能量会在这个过程中消耗殆尽，心理上也会严重受挫。要想解决这一问题，最好的办法就是时刻保持冷静和宽容。面对别人的愤怒不要多想，可能他的愤怒并不是针对你，应该让自己的心情放轻松。

因此，应当提高自己控制愤怒情绪的能力，时时提醒自己，有意识地控制自己情绪的波动。千万别动不动就指责别人，喜怒无常。改掉这些坏毛病，努力使自己成为一个容易接受别人和被人接受的性格随和的人，只有这样的人才能成大事。

6.抑制冲动，学会忍耐

冲动是一种突发的、很难控制的情绪。尽管如此，也一定要牢牢控制住它。否则一点细小的疏忽，可能贻害无穷。

人们常说，"冲动是魔鬼"。日常生活中，许多人都会在情绪冲动时做出令自己后悔不已的事情。因此，学会有效管理和调控情绪，是一个人走向成熟的标志，也是职场上迈向成功的重要基础。

业绩优秀的员工和业绩一般的员工，在"情绪控制能力"方面有明显差异，心理特征对能否胜任某一岗位甚至起决定性作用。美国心理学界也进行过相关的"情绪管理"研究。研究表明，能够控制情绪是大多数工作的一项基本要求，尤其在管理、服务行业更是如此。同样，在中国这样一个自古讲究"君子之交"的社会中，学会自我调节，是保持良好人际关系、获取成功的一个重要条件。

《黄帝内经》中说，人有七情六欲，喜伤心，怒伤肝，忧伤肺，思伤脾，恐伤肾。可见，情绪反应是人们正常行为的一方面，用情过度却会伤害身体。很少有人生来就能控制情绪，但在日常生活中，人们应该学着去适应。人不可能永远处在好情绪之中，生活中既然有挫折、有烦恼，就会有消极的情绪。一个心理成熟的人，不是没有消极情绪，而是善于调节和控制自己的情绪。冲动的情绪其实是最无力的情绪，也是最具破坏性的情绪。因此，应该采取一些积极有效的措施来控制自己冲动的情绪。如何控制冲动情绪主要有以下三点。

（1）调动理智控制情绪，使自己冷静下来。在遇到较强的情绪刺激时应强迫自己冷静下来，迅速分析一下事情的前因后果，再采取表达情绪或消除冲动的"缓兵之计"，尽量不陷入冲动鲁莽、简单轻率的被动局面。

（2）暗示、转移注意力。使自己生气的事，一般都是触动了自己的尊严或切身利益，很难一下子冷静下来，所以当察觉到情绪非常激动，眼看控制不住时，可以及时采取暗示、转移注意力等方法自我放松,鼓励自己克制冲动。言语暗示如"不要做冲动的牺牲品""过一会儿再来应付这件事,没什么大不了的"等,或转而去做一些简单的事情,或去一个安静平和的环境,这些都很有效。人的情绪往往只需要几秒钟、几分钟就可以平息下来。但如果不良情绪不能及时转移,就会更加强烈。

(3)在冷静下来后,思考有没有更好的解决方法。在遇到冲突、矛盾和不顺心的事时,不能一味地逃避,还必须学会处理矛盾的方法。只有积极主动地控制情绪,才能掌握自己的命运。

你控制自己的情绪,你掌握自己的命运,你就有可能成为世界上最伟大的成功人士。

7.控制愤怒情绪

常言道:"忍一时,风平浪静;退一步,海阔天空。"不必为一些小事而斤斤计较。人们不提倡无原则地让步,但有些事也没必要"火上浇油",那只会使事情更糟,只会破坏你与别人的感情。

想要很好地控制自己的情绪,可以从以下几个方面入手。

(1)深呼吸。从生理上看,愤怒需要消耗大量的能量,头脑此时处于一种极度兴奋的状态,心跳加快,血液流动加速,这一切都要求有大量的氧气补充。深呼吸后,氧气的补充会使躯体处于一种平衡的状态,情绪会得到一定程度的抑制。虽然此时人仍然处于兴奋状态,但已有了一定的自控能力,数次深呼吸可使人逐渐平静下来。

(2)理智分析。将要发怒时,心里快速想一下:对方的目的何在?他也许是无意中说错了话,也许是存心想激怒别人。无论哪种情况,都不能发怒。如果是前者,发怒会使你失去一位好朋友;如果是后者,发怒正是对方所希望的,他就是要故意毁坏你的形象,你便不能让他得逞。

(3)寻找共同点。虽然对方在这个问题上与你意见不同,但在别的方面你们是有共同点的。你们可搁置争议,先就共同点进行合作。

在怒火中放纵,无异于燃烧自己有限的生命。人生苦短,值得用心去品尝的东西实在太多,耗费时间和精力去生气,可以算是真正的愚行。其实,人生多一点豁达,多一点宽容,多一点感悟,多一点理性,愤怒的情绪便会像一杯清净的水,倒地化为虚无。

·停止抱怨:改变不了世界,就改变自己

1.消除抱怨,让心情更美好

幸福是一种感觉,虽然有外在的因素,但更多地取决于自己的内心。

幸福在哪里？带着这样的问题，芸芸众生，茫茫人海，人们在努力寻找答案。其实，幸福是一个多元化的命题，我们在追求着幸福，幸福也时刻地伴随着我们。只不过，很多时候，我们身处幸福的山中，从远近高低的角度看到的总是别人的幸福风景，而自己总是处于无休止的抱怨中，往往没有悉心感受自己所拥有的幸福天地。

如果一个人不能经受住世界的考验，感受这个世界的美好，心胸只能容得下私利，那他就得不到幸福。父母的养育，师长的教诲，配偶的关爱，他人的服务，大自然的慷慨赐予……从出生那天起，我们便沉浸在恩惠的海洋里。只有真正明白了这些，我们才会感恩大自然的福佑，感恩父母的养育，感恩社会的安定，感恩食之香甜、衣之温暖……就连对敌人，也要不忘感恩，因为真正促使自己成功，使自己变得机智勇敢、豁达大度的，不是顺境，而是那些打击、挫折和对立面。

放下抱怨，学会感恩，就能亲吻幸福！

2.为小事抱怨，你将一事无成

有些人常常被困在有名和无名的烦忧之中，为此而抱怨。它一旦出现，人生的欢乐便不翼而飞，生活中仿佛再没有了晴朗的天。它可能会使人吃饭不香，喝酒没味，工作没劲，事业无心，就连游戏也失去意思。这一切，只因为人陷入了细小的烦忧之中。

解除忧虑与烦恼，记住规则："不要让自己因为一些应该丢开和忘记的小事烦心。"

没错，生活中小事不断，如果事事烦心，那么将没有快乐可言，更不会有时间和精力去做其他的事情，那么最后，人可能就会因为那些小事而一事无成。

3.别为失败找借口

生活、工作和学习中，是否常常有这样一些借口？如果上班迟到了，会有"路上堵车""手表慢了"的借口；工作完不成，则有"工作太繁重"的借口。只要细心去找，借口总是有的，而且存在着各种各样的形式。

许多人的失败，也是因为这些借口。当碰到困难和问题时，只要去找，也总是能找到各种借口。不可否认，许多借口也是很有道理的，但是恰恰就是因为这些合理的借口。人们心理上的内疚感会减轻，汲取的教训也就不会那么深刻，争取成功的愿望就会变得不那么强烈，人也就会疏于努力，所以，成功当然与我们擦肩而过了。

仔细想想，很多时候我们的失败不就是与找借口有关吗？不愿意承担责任，处处为自己开脱，或是大肆抱怨、责怪，认为一切都是别人的问题，自己才是受害者……

这样找借口的人往往把所有问题都归结在别人身上："为什么我没有成功？那是因为工作不好，环境不好，体制不好。""为什么我生活得不好？那是因为家庭不好，朋友不好，同事不好。""为什么我会迟到？那是因为交通拥挤，睡眠不好，闹钟出了问题。"……可以想到，一旦有了"借口"，似乎就可以掩饰所有的过失和错误，就可以逃避一切惩罚。但是，这样不断地找无谓的借口，永远也不可能改进自己。相反地，不断地找借口，糟糕的结果也就不断地发生，生命也就会不断地出现恶性循环。

要知道常常找借口的人是很难获得成功的。人尽可以悲伤、沮丧、失望、满腹牢骚，可以每天为失意找到一千一万个借口，但结果通常是毫无幸福的感受可言。人需要找到方法走向成功，而不要总把失败归于别人或外在的条件。因为成功的人永远在寻找方法，失败的人永远在寻找借口。

"没有任何借口"，让人没有退路，没有选择，让心灵时刻承载着巨大的压力去拼搏，去奋斗，置之死地而后生。只有这时，内在的潜能才会最大限度地发挥出来，成功才会在不远的地方向我们招手！

成功的人是不会随便寻找任何借口的，他们会坚毅地完成每一项简单或复杂的任务。一个成功的人就是要确立目标，然后不顾一切地去追求目标，并且充分发挥集体的智慧力量，最终达到目标，取得成功。

4.别让抱怨成为习惯

琐碎的日常生活中，每天都会有很多事情发生。如果一直沉溺在已经发生的事情中，不停地抱怨，不断地自责下去，心境就会越来越沮丧。只懂得抱怨的人，注定会活在迷离混沌的状态中，看不见前头亮着一片明朗的人生天空。有时候，人生就是这样的，若坦然面对，便会突然发现原来的事情都不算是事儿了。所以要学会控制自己的情绪，跟家人和朋友一起，享受坦然的生活，追寻自然的幸福。

我们经常会碰到一些人，罗列一堆困难、一堆问题，列完之后把自己给吓住了，然后再往下，做不成了，开始替自己辩解，结果是开始抱怨，抱怨制度、抱怨资源……任何事都是别人的错，任何不利于自己的东西都是抱怨的对象。抱怨的人开始时的动机是希望事情被改变，不一定是想去卸掉自己的责任。但当事情被忽略、被冷冻、被打压之后，就会异变成抱怨。从心理学上讲，"抱怨的人不希望事情完全改变，他们只是为了卸掉自己的责任罢了"这样的讲法并不客观，他们只是没能抓住解决问题的关键点以使现状能够得到改善。

抱怨是一种习惯性的情绪行为，不要说抱怨是个性。因为一旦被认同是"个性"，那它就是"我"与生俱来的东西，所以"我"是不会去改的。这也是抱怨会这么流行的原因。我们与其抱怨生活的不如意，倒不如切切实实地多为自己寻找一些快乐。其实，快乐是心病的一剂良药，离苦得乐，是人最本质的需要。快乐很简单，它与一个人的财富、地位、名气无关。相反，快乐只与一个人的内在有关，物质财富的获得可能让人获得快乐，可是处理不当则会成为人生的负累，生活从此远离快乐，永无宁日。别让生活的不如意吞噬掉原本的快乐，淡然一些，才是好的。

5.删除抱怨，拥抱快乐

生活中有很多人喜欢抱怨，他们抱怨家人、抱怨朋友、抱怨上司、抱怨同事，仿佛只要与他们有接触的事或人，他们都无一例外地抱怨，他们因为这些抱怨每天都在灰暗的心情下度过。其实这些抱怨不仅给他们自身带来伤害，还会伤害他人。在抱怨中，每个人都不再轻松，所以，我们要在心中化解不满的情绪、抱怨的语言，要明白生活不仅有苦难、残缺，还有幸福和美好。世界是美丽的，世界也是有缺陷的；人生是美丽的，人生也是有缺陷的；工作是美丽的，工作也是有缺陷的。因为美丽，才值得人们活一回；因为有缺陷，才需要人们弥补，需要人们有所作为。

保持一颗平常心，不被生活中的琐事侵扰。有些人的抱怨常常来自生活中的琐碎之事，凡事过于较真儿，斤斤计较，常常搞得疲惫不堪。对于这些琐碎之事，还是置之不理为佳。一位哲人说得好：如果你被狗咬了，难道非要把侵犯你的狗也反咬一口吗？所以，遇事要有一种平和的心态，这样才能生活得更加理智，从而减少不必要的抱怨和牢骚。

6.远离抱怨，路会越走越宽

抱怨只能使自己悲观失望，丝毫无助于问题的解决。人悲伤时想哭，而哭会使人更加悲伤。要想走出这个怪圈，必须首先止怒，放弃抱怨，用解决问题的态度思考问题。

有位哲人曾经忠告世人："生命中最重要的一件事情，就是不要拿你的收入来当资本。任何蠢人都会这样做。真正重要的是要从你的损失中获利。这就必须有才智才行，也正是这一点决定了蠢人和聪明人之间的区别。"

所以，不要抱怨，用实干来证明自己是一个聪明人吧。

7.命运厚爱那些不抱怨的人

日常生活中，经常见到一些人对自己身边的任何事情都不满——工作不如意、钱赚得没有别人多、别人比自己幸运等，仿佛抱怨已经成了生活中必不可少的一种行为。但事实上，一旦形成了这种抱怨的思维定式，喜欢抱怨的人对问题的看法就会偏向消极方向，解决问题的动力就会变成实施解决方法的阻力。

毫无怨言地工作，使人能够激发出内心的力量，这样便会在工作中拥有双倍甚至更多的智慧和激情，让人积极主动且卓有成效地完成工作。反之，当抱怨成为一种习惯时，人会很容易发现生活中负面的东西，加以放大，甚至身边人一个眼神、一句话都可以让人浮想联翩，进而感慨自己生存艰难，倾诉得越发声情并茂，也就越发使情绪"黑云压城城欲摧"，越来越焦虑。

毫无怨言的员工能够全心全意地工作，别人抱怨困难多的时候，他们在解决问题；别人抱怨工作环境差的时候，他们在研究如何提高工作效率；别人抱怨薪水低的时候，他们在努力提升自己。对于一个优秀的人来说，工作从来是哪里需要到哪里，对又脏又差的环境也毫无怨言，工作需要永远是激励他们出发的号角，他们的工作也往往会受到大家的尊重。

如果想在工作中做出成绩，想受到上司的提拔重用，想得到大家的尊重，那么，停止抱怨，立即工作，哪里需要去哪里。闷头工作一段时间，你就会感到，原来，工作是一件如此有意义的事。

人与人之间的差别，在任何地方、任何时间都存在。这种差别产生的原因，并非外在条件的不同，而是自我经营的不同。我们对任何生活情形、工作的期待，都必须坦然接受，多责怪自己，少埋怨环境，才能得实现。

二、观念影响人生，心态改变命运

成功的钥匙或者关键一定是良好的心态，心态管理非常的重要。通常来讲，一个人的思想不对，情绪不对，做事也不行，那么可能就是他的心态有问题。心态决定情绪，也就是情绪的背后其实是心态。如果一个人的心态好，那么他的情绪可能也会比较好。

情绪管理的背后，是心态的管理。遇到困难的时候，通常有两种人，一种人是普通人，一种人是卓越、优秀的人。普通人跟优秀的人两者之间可能就差在心态上。如果遇到困难喜欢挑战，那么方法就越来越多，人一定会变得越来越优秀。喜欢放弃的人，借口就越来越多。借口越多的这种人，就是普通的平庸者。

除此以外，喜欢感谢、感恩的人，通常会发现，帮助自己的人会越来越多。越感恩，别人越会帮助你，事情就顺利很多。相反，喜欢抱怨的人，就会发现事事不顺，烦恼就越来越多。

在公司的管理中，有很多员工在工作时会有很多问题。比如做销售，遇到困难，遇到客户的拒绝，遇到竞争，他就容易放弃，会找很多的借口，而这种人是做不好销售的。而做得特别好的销售，就习惯说，这个单子竞争非常激烈，一定要给它拿下。有了这个想法以后他的方法就越来越多,所以我们在销售的岗位上最重要的一个品质,就是决不放弃,就是拥有一种坚持到底必胜的信念,一种想争冠军的精神。这也是销售冠军必须具备的一种特质。同样,公司的干部也是一样,他必须有一个特质,就是遇到问题,喜欢挑战,喜欢迎难而上。有一句话讲:"办法总比困难多。"这种就是比较优秀的干部。当我们登山时,也是一样,遇到困难,好的登山者会去判断应该怎么办,是扎营,还是放弃。人生就是马拉松,当我们在人生的路上做任何事情时,不论做企业、做销售还是做管理,都无时无刻不会遇到困难,而所有的困难面前,考验的就是我们的心态。如果我们的心态总是放弃,总是找借口,那么就一定是失败者,反之就是能够不断地超越自我的优秀者,最终能成为成功者。

感恩是有力量的,按照吸引力法则,你越喜欢感谢别人,越把感谢挂在嘴上,你会发现你越受欢迎,帮你的人会越来越多,就会觉得越来越顺利。有一句话说:"你喜欢感谢,顺利就越来越多,越来越良性循环;你喜欢抱怨,困难就会越来越多,处处受阻。"无论在工作中、家庭中、生活中、朋友交往中都是一样,如果总是抱怨烦恼就会越来越多,就会出现一种恶性循环,越烦恼,越抱怨,越烦恼,越恶性循环。人生最重要的成功的钥匙其实就是心态管理,当心态好了,身体也就健康了。有些人显得特别年轻,有活力,你问他有什么秘诀,他会告诉你:"我这个人心态特别好啊。"人的心态好了,身体处于健康状态,还有事业等等都会上升。

·从现在开始,发掘心态的力量

1.勇于冒险,冲破内心的厚茧

一个卓越的人,不仅会将自己的工作安排得井井有条,也会将生活安排得丰富多彩。

生活中大多数时间都是平淡的,只有冒险才能让生活中少数的亮点更加精彩,令人回味。因此,卓越的人都会喜欢冒险,喜欢接触一些新鲜陌生的事物。

当然,冒险不同于鲁莽,二者是有本质区别的。如果把一生的储蓄孤注一掷,做一项有极大风险的投资,在这项投资中有可能会失去所有的东西,这就是鲁莽轻率的举动。如果由于要踏入一个未知世界而感到恐慌,然而还是接受了一项令人兴奋的新工作,这就是大胆的冒险。没有冒险就很难取得成功,让我们敢于做第一个吃螃蟹的人吧!

要想获取成功,就要有冒险的精神,用阳光的心态,全神贯注地做好准备,随时出击,牢牢地抓住机会。成功,常常属于那些敢于抓住时机适度冒险的人。有些人很聪明,把不测因素和风险看得太透了,不敢冒一点儿险,结果聪明反被聪明误,永远离成功还差一步。实际上,如果能在准备阶段就对风险有判断,规划转化风险的方法,则风险并不可怕,相反,适度的冒险也许能带来财富和幸运。

2.善待压力,压力可以变动力

陀螺是一个只有在外力抽打的情况下,才会旋转的玩具,而且外力越强大,它旋转得越快。身在职场,我们要学习陀螺的精神,在压力面前让自己永葆旺盛的斗志和持久的耐力。

人在职场,不可能没有竞争压力,但许多人视竞争对手为心腹大患,视异己为眼中钉、肉中刺,恨不得欲除之而后快。其实,能有一个强劲的对手,反而是一种福分和造化,因为一个强劲的对手会让人时刻都有危机感,会激发人的斗志。

在我们的现实生活中,大多数人天生是懒惰的,都尽可能逃避工作。他们大部分没有雄心壮志和负责的精神,宁可期望别人来领导和指挥。有一部分人有着宏大的目标,却缺乏执行的勇气。他们对组织的要求与目标漠不关心,只关心个人;他们缺乏理性,不能自律,容易受他人影响;他们工作的目的在于满足基本的生理需要与安全需要。只有少数人勤奋,有抱负,富有献身精神,能自我激励、自我约束。

人们之所以天生懒惰或者变得越来越懒惰,一方面是所处环境给他们带来安逸的感觉;另一方面,人的懒惰也有着一种自我强化机制。如果每个人都追求安逸舒适的生活,那么最终变得贪图享受也在所难免。此时,如果引入外来竞争者,打破安逸的生活,人们立刻就会警觉起来,懒惰的天性也会随着环境的改变而受到节制。

所以,善待所面对的压力,千万别把它当成前进的"绊脚石",而应该把它当作一剂强心针、一台推进器、一个加力挡、一条警策鞭。欢迎生活、工作中的一切压力,因为它们的存在,人才会成为一只旋转得越来越快的"陀螺"。

3.打败懈怠,培养进取心

舒适的诱惑和对困难的恐惧征服了许多人。进取心如果不能持之以恒,就不能总是战胜懈怠这个大敌,也不能把人们引向更美好的未来。而懒惰则是安于平庸的先兆,所以,进取心的第一个敌人是懈怠。

人皆有惰性,一旦生活环境安逸,就难免不思进取。然而,要想在异常激烈的社会竞争中不被淘汰,还是有一点儿危机意识好,这样就可以未雨绸缪,主动出击,多一点儿生存的技能与智慧,对未来就多几分机会与把握。

在社会需要的压力下,在人类渴望美好事物的进取心的指引下,人类文明获得了长足的进步。只要我们尽力做好本职工作,不断付出努力,尚未实现的理想终究会变为现实。

推动生命向上的力量，也使别人对我们充满了信心。人们不沉溺于过去，不满足于现状，而是努力学习更多的知识，努力提升自己，努力获得更多财富和追求更高的社会地位。

生活中，一些极具潜力的人满怀希望地出发，却在半路停了下来，满足于现状，选择放弃、逃避、退却。他们忽视、掩盖并且放弃前进，这样他们就失去了这一力量的引导，同时也失去了生命向他们提供的许多东西。他们都是易于满足的人。满足于现状者的典型特征就是放弃"攀登"，他们无视"山峰"为他们提供的机会，永远欣赏不到山顶的景色，然后庸庸碌碌地度过余生。对于一个满足现状的人来说，他没有任何更好的想法、更美的愿望。其实正是不满足造就了更多的精英。

只有当人们不满足于现状时，才会感受到进取心带来的无穷力量。

4.能量，在体验中爆发

一个人能取得多大的成功，不是取决于一个人才能的高低，而是取决于他是否有高层次的需要。在同样的社会，一些人取得大的成功，一些人取得小的成功，一些人一蹶不振。不少人为了一个远大的目标，能经受长年累月的奋斗考验，进行长期的努力；也有不少人虽向往成功，却经受不起几次挫折，向困难投降。

人的需要是什么？产生的内在动力是强还是弱？一个小功率发动机也许可以带动一辆小拖车，但绝对带动不了一列火车。带动火车飞速前进的发动机与一般小功率发动机是有很大区别的。确切地说，必须了解内心世界能推动你前进的动力是什么，有多大。

一般情况下，人们必须先生存后发展，所以人的低层次生理需要、安全需要比高层次的爱的需要、尊重的需要更加强烈。自我实现的需要，一般要在前面四个层次的需要得到基本满足之后才会产生。有些人由于长期没有得到低层次需要的满足，可能会永久地失去对高层次需要的追求。然而，从成功的大小来说，高层次的需要推动大成功，低层次的需要推动小成功。

欲望的力量是惊人的，只要用强大的欲望之力去推动成功的车轮，就可能平步青云，攀上成功之岭。

5.平凡心态成就非凡人生

平凡是一种生活态度，是一种对生命的坚持。平凡并不是平庸，平凡只是在这个色彩缤纷的世界为自己涂上一层保护色；平凡也并不是呆板，只是在这个物欲横流的世界保持真我的本色。平庸，是一种既被动又功利的人生态度。有着平庸态度的人诸事平平，没有一事精通，这是平庸者的一种规律。平庸不仅分散人的精力，而且永远不会把人引向成功。所以说，人可以平凡，但绝不能平庸。

无论从事什么工作，都要将它视为毕生的事业来对待。不要以为"事业"都是伟大的、让人津津乐道的壮举。正确地认识自己平凡的工作，无论多么平凡的工作，只要从头至尾坚持到底，便是了不起的事业。

踏踏实实地做好每一件事，那么就不算是浑浑噩噩地度过一生。

我们都是平凡人，只要抱着一颗平常心，踏实肯干，有滴水穿石的耐力，我们获得成功的机会，就不会少于那些天资优异的人。

一个人如果有了脚踏实地的习惯，具有不断努力学习的性格，并积极为一技之长下功夫，那么成功对他来说也会变得容易起来。一个肯不断提高自己能力的人，总有一颗热诚的心，他甘做凡人小事，肯干肯学，喜欢虚心向人求教，在各种不同职位上增长见识，扩充能力，学到许多不同的知识与技能。

人才是磨炼出来的，人的生命具有无限的韧性和耐力，只要始终如一、脚踏实地做下去，无论身在怎样的平凡处境，无论大事或小事，都不放松自我，不自暴自弃，便可以创造出令自己和他人都震惊的成就。

"不积跬步无以至千里，不积小流无以成江海。"成功，需要付出坚强的心力和耐性，想凭侥幸，靠运气获取丰硕的果实，运气永远不会光顾你。只有全心投入工作，视平凡的工作为终生的事业，充分焕发热情，才能告别平庸的生活，最终享受不平凡的成功。

6.积极心态开启能量之门

无论做什么样的工作，工作程序烦琐复杂也好，简单易行也好，都需要保持正确的工作态度，认真、敬业、勤奋等品质在任何时候、任何场合都不会过时。

员工的态度决定他的工作表现，而优秀与卓越的工作态度会直接影响到整个团队的凝聚力、向心力，并能推动企业的良性发展。

企业如同一棵参天大树，如何生长需要员工的共同努力。企业需要的是既有才能又有良好的态度，并且能够适应企业需求的人。在企业这棵大树上，员工就像树上的枝丫。只有企业繁荣了，才有枝丫繁茂。员工与企业的关系不是此消彼长，而是同荣辱、共存亡。所以，员工应时时刻刻对自己严格要求，用最好的工作态度面对工作、面对企业，用自己的责任与努力推动企业的发展。

·七项修炼，引爆心态的惊人力量

1.抽丝剥茧，看清自己

你对自身了解吗？你对自己的人生有规划吗？那些规划在实施过程中顺利吗？你知道哪些是适合你的，哪些又是不适合你的吗？把自己放在一个透明的正方体中，你会发现许多你没有开发出来的"不可能"。

人生就是如此，只有不断地揣摩，不断地对自身进行挖掘，才能够更清楚地看到自己，才能够发现自己的更多面，否则就像诗中所言，"横看成岭侧成峰，远近高低各不同。不识庐山真面目，只缘身在此山中"。

每个人都有属于自己的价值，关键就要看你将价值界定在什么平台上，能否找到契合点。有些人无法在工作中取得成绩，并不是因为他们的能力不够，也不是因为他们付出的努力太少，他们也曾辛辛苦苦地做过许多工作，只是，他们所做的一切对于自己所在的职位来说都是无效的。

社会上的各行各业都存在着错位的现象。如果在职位上无法创造出相应的价值，或者这个职位不能体现生命价值，那么，最好另做打算，否则迟早都会面临失业的危机。

错位会导致一个人无法成为与自己所在位置相匹配的"螺母"，但也绝不能因此偏执地认为，一个人在这个职位上用尽全力却毫无成绩，就不可能再在别的职位上有所作为。一个人相对于这个职位来说没有价值，并不等于在其他的职位上也没有价值。有一句名言叫作"天生我材必有用"，无论是谁，只要找到了真正适合自己的位置，就一定能够让自己成为有价值的"螺母"。

所以，如果发现自己在工作中消耗了大量的时间和精力，却没有取得应有的工作业绩，那么就应该认真地问问自己："我是不是与所在的职位相匹配的'螺母'？"假如内心的答案是否定的，那么就可以大胆地做出选择，放弃现在这个不合适的位置，重新选择新的合适的位置。

2.扫清心态障碍无死角

清理影响成功的种种障碍，只有不留死角，才能获取梦想的果实。

只要有好心态，就不怕没有荣耀的将来；只要有好心态，就不怕事情做不成。好心态是排除万难、取得成功的法宝。好心态可以助人成功，不良心态则是成功的障碍。那么，哪些是不良心态呢？

（1）阻碍成功的消极心态

你自己是否有过这样的抱怨："这个世界应该对我的失败负责。"如果是这样，你就该暂停这种想法，再次考虑一下。你要想想你的问题是由世界负责呢，还是该由你自己负责。我们每一个人都应该如此，静下心来好好想想我们失败的原因是什么。

其实失败的原因通常是我们自己消极的心态。这种心态常常使人退缩不前。要想取得成功，就必须牢牢地树立一种积极向上的成功心态，彻底清扫和控制住消极的心态。可以从"消极心态"翻到"积极心态"，从而排除消极的感情、情绪、喜好、倾向、偏见、信条、习惯等。

你要相信，你就是你所想象那种人。你的思想决定你的心态是积极的，还是消极的。

（2）使人甘于平庸的舒适心态

每个人心里都有一块让自己休息的舒适区。一般来说舒适区有几个特征：舒服，痛苦和压力相对较少；在自己可控制范围内，可以适当地对自己紧凑的生活进行调节。在这个区域内，人会觉得很安全，很放松，不被打扰，不被指责，可以做一些自己喜欢的事情。但是当人的舒适区范围越来越大时，它就会制造一种自身优越于他人的假象，这样一旦越过了舒适区，人就会感到不安全、有压力、焦虑，甚至恐惧。

如果我们始终待在舒适区内，保持着原有的心态，当然会让我们觉得很舒适、很安全。但是，目标永远在舒适区之外。如果想要实现目标，就必须不断地突破舒适区。

（3）面对压力产生的焦躁心态

要生存，就要面对压力，压力来自方方面面，在现代生活中每个人都有可能面对它。如何克服来自各方的压力呢？成功人士的通常方法是调整心态，将压力变为动力，将失败的想法变为积极奋进的努力。面对压力障碍时我们需要做的第一件事便是站起来反抗它，不要因它而抱怨，更不要被它所压制。

人通常在情况好时能保有力量，但是在情势不佳时，面对困难的能力往往会顿减或丧失。因此，设法持续保有战斗力便是关键所在。

当然，以上只是分析的几个方面，如果想获得成功，就要全面地清除掉那些影响成功的心态障碍。要记住，当面临问题时，必须首先从检查自己开始。既然问题是无法避免的事实，无论喜不喜欢，它都会发生，所以不安、愤怒甚至抗拒的心态，都只会成为阻挡我们前进的障碍。

3.驾驭自己的人生

有位哲人曾说："你的心态就是你真正的主人。"

良好的心态体现在许多方面，一个人的人生如果有好心态来护航，那么，他的人生中就不存在不可能的事。相信好心态的能量，如果你不甘于平庸一辈子，就要勇于做一个"爆破手"，"引爆"你的心态能量，让你的人生充满无限可能。

何谓好心态？

（1）乐观的心态

人的一生不可能一帆风顺，所以在生活中遇到困难和挫折在所难免，而通常机会也总是会伴随着困境一起出现。如果没有乐观的心态，就没有办法发挥自己的能量，揭开困难的面纱，获得成功的机会。

（2）自信的心态

古往今来，许多人之所以失败，究其原因，不是因为能力不够，而是因为不自信。自信是一种力量，更是一种动力。当人不自信的时候，难以做好事情。当人什么也做不好时，就更加不自信，这是一种恶性循环。若想从这种恶性循环中解脱出来，就得与失败做斗争，树立牢固的自信心。只有自信的人才能够充分地发挥自己的潜能。

（3）进取的心态

有进取心就要有所行动，心动不如行动。虽然行动不一定会成功，但不行动则一定不会成功。生活不会因为你想做什么而给你回报，也不会因为你知道什么而给你回报，而是因为你做了什么才给你回报。一个人的目标是从梦想开始的，一个人的幸福是心态决定的，而一个人的成功则是在行动中实现的。"大鹏展翅，志在千里。"真正的成功者，在开始人生旅途的第一步，就已经确立了远大的志向。跑长跑和赛短跑，所采用的方式是不一样的，所到达的终点也是不一样的。总是想走得更远的人，才有可能走得更远。

（4）平和的心态

人生不可能一帆风顺，有成功，也有失败；有开心，也有失落。如果把生活中的这些起起落落看得太重，那么可能人永远都不会坦然，永远都没有欢笑。人生应该有所追求，但暂时得不到并不会阻碍日常生活的幸福。因此，拥有一颗平常心，是人生必不可少的润滑剂。

（5）从容的心态

"命里有时终须有，命里无时莫强求。"不要去强求那些不属于自己的东西，要学会适时地放弃，从容地面对。也许在你冷静地对待失去时，你会得到曾经想要得到而又没得到的东西，会在此时有意外的收获。适时放弃是一种智慧。它会让人更加清醒地审视自身内在的潜力和外界的因素，会让疲惫的身心得到调整成为一个快乐明智的人。什么都舍不得放弃的人，往往会失去更加珍贵的东西。适当的时候，给自己一个机会，从容地放弃，才有可能获得。

生活中，一个好的心态，可以使人乐观豁达；一个好的心态，可以使人战胜面临的苦难；一个好的心态，可以使人淡泊名利，过上真正快乐的生活。积极的心态能帮助人们获取健康、幸福和财富，也能让人们一路从容地走向成功。

4.人生大智慧：能自省方自知

人们都有一种心理，不愿被别人所改变，即便是错误的思想，也不愿去改变。古希腊哲学家苏格拉底说："未经自省的人生不值得存在。"生命的意义在于觉悟、自省、进取。苏格拉底认为人生命中的大部分时间应用于自我检查，他也因此而成了一位著名的哲学家。

自省是对自身思想、情绪、动机和行为的检查，是自我道德修养的方法，能够让人进一步认识自己而不迷失自我。自省是一面镜子，将我们的错误清楚地照出来，我们才能加以改正。

《爱与时尚》里的女孩说："人总是要变的。要么改变别人，要么改变自己。"改变别人叫反抗，改变自己叫自省。我对"改变"的看法大致如此。人是社会的人。每个人都有自己的需要和利益，但在进入社会之后这些需要必须与其他人妥协。一个不顾及他人感受与需求的人，必然是一个不受欢迎的人。同时，为了被社会接纳，人也需要不断地调整自己，完善自己，使自己成为一个能很好实现自身价值的人，快乐的人。自省的作用就是这些，可以说它对每个人都是必要的。

自省就是一种自善的过程。自省的最终目的是利他。所以，自省是需要通过努力才能达到的人格境界。

自省需要一颗平等的心。人要承认自己只是众生中的一员，只是一个普通人而已，无论自己的地位怎么高、财富怎么多、头脑怎么聪明，依然只是个普通人，因为离开了他人，这一切都毫无意义。从这个意义上说，每一个生命，即使再渺小、再卑贱都是高贵的，都是不可替代的。所以，我们要尊重他人，尊重一切生命，认识自己不过是人群之中，甚至是地球生命之中一个渺小、卑微的个体而已。我们在追求自身的权利的时候，也得保障他人的权利；在别人那里获得了光和热，也得给别人同样的光和热。

但人类自利的天性，却常常令自己看不见别人，而财富、地位、名誉等更使得人们像飞蛾扑火那样，急急慌慌，争先恐后，哪里还能顾及别人，甚至早已忘掉了自己。

其实，"省"就是"小自"，把自己看得小一点、矮一点，然后才能看得见他人，看得见自己以外的生命。

"省"也就是"少目",尽量少用眼睛,多用心灵去看去思考。

自省需要我们的心灵一片宁静,需要我们慷慨且一片真诚,道存心底再观世界。表面的光辉与浮华太过刺眼,因为它挡住了真实;夸张的色彩与线条太过喧闹,因为它只折射出炫目的光彩,隐藏了致命的暗伤。那么,我们如何以超过尘世的眼睛来重新审度?宁静而后知"致远",淡泊而后知"明志"。让我们睁开心底的那双自省的法眼,从一颗淡泊宁静的心出发来观察我们的生活,来享受我们的人生。

5.不要辜负了活着的机会

珍惜生命,"人生天地间,忽如远行客"。一个人的生命只有一次,相对于天地之悠悠,一个人的生命是短暂的,失去了就无法挽回。生命又是脆弱的,一不小心就在顷刻间画上句号。人类有着明晰的死亡意识,也正由于这种意识,人才对生命倍加珍惜,努力成就自己的一生。

热爱生命。现实中的人总会碰到各种磨难、痛苦、失意和挫折,还要面对来自家庭、学校、社会等各方面的压力。这种时候,如果能够正确对待,把种种不如意看作人生必须经历的一部分,那么人生中负面的情绪就可能转变成积极的情绪。

尊重与珍惜生命的价值,热爱与发展个体独特的生命,并将自己的生命融入社会之中,树立起积极、健康、正确的生命观。珍惜生命、敬畏生命,才可能培养起坚定的理想与信念,才可能以博大的胸怀和坚忍的毅力去实现个体的生命价值,为社会创造财富、贡献力量。

很多人缺少耐挫力,所以他们经常抱怨"累""没意思",存在消极、懈怠心理,这些都是对生命不负责的表现。我们要学会热爱生命,不管遇到多大的困难,也都要给自己找到理由生存,把非理性的选择一个个排除。我们要学会坚强,学会抗争,学会发现生活的真谛,从而保持旺盛的生命意识和积极的人生态度。

生命的价值首先是基于生命的存在,在此基础上才能发展和提升生命的价值。每个人都要防止任何可能伤害生命的行为发生,保护好自己的生命。

生命是一个不能预期的过程,在这个过程中充满着未知的苦难和挫折,每个人都必须承受它,好好活着,用每一分每一秒来善待生命。人要勇敢地生活,勇敢地面对人生中所有的困苦,因为生命是短暂的,因而也是宝贵的。在这短暂而又宝贵的生命里,应善待生命,抓住生命中每一个瞬间,不能选择消极的方式结束生命,将痛苦和迷惘长久地留给他人。

我们都明白一个道理：生命一旦结束，便无法再来。所以生命是无价之宝，是任何东西都无法替代的。既然如此，我们应在有生之年，善用上苍赋予的生命，为自己，也为社会做出积极贡献，才不至于辜负那些为我们的生命付出心血的人。所以，我们要用积极向上的乐观心态，来行使生命的权利，尽情地享受生命的过程，精彩地演绎生命中的每一天。

6.时刻享受你的人生

常听人说："在人生的旅途上，别忘了驻足片刻，欣赏路边绽放的玫瑰。"但现代人忙碌得如陀螺打转，又有多少人曾放慢脚步，注意身旁美好的事物呢？人们脑里装的尽是排得密密麻麻的行程表，整日为工作烦心，还要被堵塞的交通搞得"头顶冒烟"，在这种情况下，人们几乎忘了身旁还有他人存在。

生活本是丰富多彩的，除了工作、学习外，还有许多美好的东西值得我们去享受：可口的饭菜，温馨的家庭生活，蓝天白云，花红草绿，飞溅的瀑布，浩瀚的大海，雪山与草原，大自然的形形色色，包括遥远的星系、久远的化石等等，甚至工作和学习本身也可以成为享受。只要不太急功近利，不单单为一己的利益，辛苦劳作也会变成一种乐趣。

努力地工作和学习，创造财富，发展经济，当然是正经的事。因为享受生活，必须有一定的物质基础。只有衣食无忧，才能谈得上文化和艺术，饿着肚子，是无法去细细欣赏山灵水秀的，更不要说寻觅诗意。所以，人类要努力劳作。但劳作本身不是人生的目的，人生的目的是"生活得写意"。一方面勤奋工作，一方面使生活充满乐趣，这才是和谐的人生。

享受生活，是要努力去丰富生活的内容，努力去提升生活的质量。愉快地工作，也愉快地休闲。散步、登山、滑雪、垂钓，或是坐在草地、海滩上晒太阳。用乔治·吉辛的话说，是过一种"灵魂修养的生活"。

给自己的灵魂找一个寄托，那并不是消极的逃避，那正是一种积极的养精蓄锐。正如有位名人说的："我休息是为了工作。"我们也是一样，让灵魂去休息一下，养一养它在尘间奔波所受的伤，然后再去奔波。

每个人都会被动地做些他并不想做的事，过一种他所不愿过的生活。所以，有些人有时间就看小说、写文章。但是，因为生活中有许多的琐事，没有充足的时间和自由去做他所喜欢做的事。因此，这些就成为生活中的爱好。感受到生活的乐趣，可以暂时忘掉生活的烦恼喧嚣。

假如你懂得生活，同时你也懂得自己，那么，你一定会在生活中找到那么一点儿使你安心，使你忘忧，使你沉醉的所谓寄托。

7.共赢启动成功

一个人要有共赢意识，人生的成功才能得到最完整的发挥。

成功必须从欲望出发，而欲望是通过行动来实现的。成功的开始，就在于独处时候的所思所为，而真正成功的奉献，则会凌驾于一己之私之上。圆通成熟的个性，不可避免地会在对服务人群的献身上表现出来，它开始时可能是一种内在的精神较量，继而向外寻求更丰富的知识和谅解。成功并不是我们独自的拥有，也不是行为的本身，它是用来判定其本身价值的东西。

当一个人能公开对自己及他人承认，并非自己能独立获得这些成就，所以不能独享荣耀时，一种完美和谐的感觉会在其内心和人际关系中逐渐浮现。相互的感激与温暖的友谊使彼此不但共享成功的果实，且借由相互鼓励而不断地成长。

每位企业领导者都知道，他的成功是员工们一起努力的结果。要感谢那些每天勤奋工作的人，为他们喝彩，称赞那些为这个团体努力工作的人。因为嘉许员工，和他们分享成功，公司会得到更多。

可见，要想获得成功，就要学会与人分享。即使在竞争中，也是如此。

合作与竞争，可以说伴随着人类的出现而几乎同时出现。"物竞天择，适者生存。"这是竞争的本质和普遍规律，也是自然界、人类社会得以前进的动力所在。竞争是与人争利，合作则是与人共赢，看似矛盾的两者其实相生相克，互为补充。在成功的道路上，合作与竞争有许多相通的地方。

实际上，任何一个人，任何一个民族、国家都不可能独自拥有人类最优秀的物质与精神财富，而随着人们相互依赖程度的进一步加深，合作与团队精神将变得空前重要。缺乏合作精神的人将不可能成就事业，更不可能成为知识经济时代的强者。

如今的成功，不再是孤立的含义，在全球化的浪潮中，共赢成为主流，而如果想要与人共赢，就必须与人分享，在分享中微笑竞争。

三、让高端圈子成为你的有效资源

我们每个人都是环境的产物，有一个典故叫"孟母三迁"，讲的是孟子的母亲为了改善环境搬了三次家。其实我们每个人的力量都是有限的，每个人都很平凡，每个人能力的差异也都是有限的。如果你周围的人都是一帮拥有负能量的人，那你也很难出类拔萃。如果你周围的人都是积极向上，充满了正能量，你想差也差不到哪里去。所以我们讲一个人能走多远，看与谁同行，你的同伴是很重要的。对于经营企业来说，合作伙伴就非常重要。那么在读书的时候，与你关系好的同学就很重要。你打工的时候，你的同事就很重要。所以以前也讲人生的三大幸事，第一件幸事就是上学的时候，有一个好老师，老师也是你圈子里面的最重要的一个人，你的老师好了，那么他能引领着你，你的同学也比较好，那么你的同学的圈子就会比较好。第二件幸事就是工作的时候遇到一个好领导，如果你的领导好，那你的整个公司的同事、领导的圈子也好了，大家也能够引领着你一起往上走。还有句话说一个人能飞多高，要看与谁相伴。对我们每个人来讲，一生中最重要的一个人就是伴侣，人生第三件幸事就是结婚的时候遇到一个好伴侣。夫妻是一辈子最大的合作伙伴，也是你最大的圈子，你的另外一半如果能够持续地引领着你往上走，引领着你人生的高度，那么其实是一件非常幸运的事情，就是彼此能够带来成长，这也是所有合作伙伴最重要的一条。所以我们说，一个人最大的幸运，是遇到一个人，他能够指引你，打破你的思维，提高你的境界，可以带你走向更高的人生舞台。圈子决定了一个人的人生高度，我们要不断地成长，首先是建立自己的圈子，改善自己的圈子，提升自己的圈子，同时要跳出自己的圈子，去找出更高的圈子，重新建立自己的圈子。这样无形中会使自己和周围的人全部得到提升，充满正能量，而正能量的圈子管理是我们每时每刻都要去不断提升的。

·维护伙伴关系不是索取而是给予

我们经常说，多个朋友多条路。这是因为生活在这个社会中每个人都可能遇到困难，多认识一个朋友，在困难的时候就可能会多一个人伸手帮助自己渡过难关。可见，朋友就是我们每个人最大的财富。那么我们就要有意去拓展自己的人脉圈子，多认识一些朋友。不过，大量的事实也证明，朋友并非越多越好。因为朋友多了精力就会被分散，我们就容易忽略那些更重要的朋友。

尤其是对那些还不是很了解的朋友和客户，我们应该从各个方面进行观察，看他们的动机和行为是不是完全利己、自私的，有没有为我们着想过。如果这些朋友心中只有自己，从来不为别人着想，为了自己的利益可以干一些损人利己的事情，那么这种人是不值得信赖、不值得深交的，也没有必要进行合作。

相反，如果对方能够为我们着想，这种人就是很值得交往的。另外，在付出的过程中如果对方做了超出我们期望的事情，也会很容易赢得尊重和信赖，我们也会很乐意与他们建立长期的联系，因为他们用行动证明了对别人的关心。

可见，要想维护好我们的人际关系，不应一味地索取，更要懂得付出和给予。

比如说，给予的价值要超出想象。当我们给予别人东西的时候，不能只在乎东西本身的价值，还要想办法增加附加价值，当这种价值超出了对方的想象时会更加凸显其价值。

在与人进行合作的时候，我们首先想的不能是对方能够给我们带来多大的利益，而是我们能够给对方带去什么价值。如果在合作之前，我们就给对方带去了超乎想象的价值，对方必会给予我们同等的价值，这样就能达到共同进步的结果。否则，对方就会觉得亏欠了我们。如果在交往之后，我们又带给对方超乎想象的价值，那么对方就会与我们进行更深入的交往。

当我们觉得自己没有用的时候，并非是自己本身没有用，而是自己的附加价值太小，能给予别人的东西太少。每个人都是一样的，外在的东西其实没有互相攀比的必要，真正要比较的就是每个人的能力。试想，你办不到的事情，他办到了，那么可以说他的价值就会更大。

你与你的合作伙伴密切的程度，取决于你所做的事情是否能够达到对方的预期。如果你所做的事情达不到对方的预期，对方怎么会愿意与你建立更密切的关系呢？如果你为你的合作伙伴做的事情刚好符合对方的预期，那么对方与你建立的关系也只能是普普通通的关系。只有当你所做的事完全超乎你的合作伙伴的预期，你的附加值才会大大地增加，对你的合作伙伴来说你的价值会更大，那么对方就愿意与你建立更加密切的关系，建立更长远的发展关系。

·懂得收缩朋友圈子

我们一直在前进，只要前进就会遇到各种各样的困难，就需要认识很多的朋友来帮助自己。于是，从参加工作开始，我们就开始无休止地参加各种活动，拼命认识各种各样、各行各业的朋友。其实后来发现，很多社交活动都是无用的社交，浪费了自己很多的时间和精力。结果，自己的工作也没有干好，自身价值没有得到体现，认识再多的朋友又有什么用呢？自己没有价值感的话，那么认识的朋友也会离自己而去。与其这样还不如收缩我们的朋友圈子，专注干好自己的工作，提升自己的价值，只要留住身边几个重要的朋友就好，只要他们真心实意地对待你，那么这也是很珍贵的财富。

可是，现实中很多人都患上了社交瘾，只要是个活动就去参加，就会去发名片，就互相加微信，结果认识的人太多，分不清主次，乱了头绪。要想深入认识每一个人是不切实际的事情，最终把自己累得不行，却没有一个重要朋友。

因此，我经常建议我身边的朋友：35岁之前拓展朋友圈子，35岁之后缩小朋友圈子。为什么以35岁为界限呢？一个人在35岁的时候一般事业相对稳定，思想成熟，能够清楚地知道自己需要什么、不需要什么。再说我们很多人从25岁开始工作到35岁，这十年认识了不少的朋友，而且这十年精力充沛，有足够的时间和精力去花费在社交上，将在这个阶段认识的朋友充分管理好就足够了。35岁之后，很多人成家立业，有很大一部分精力需要分配到家庭上去，精力相对会少一些，如果还要去追求认识更多的朋友，只能顾此失彼。因此，这个时候就可以缩小朋友圈子，将已经认识的朋友经营好。

在缩小朋友圈子的时候，应该注意以下问题：

1.将有益的朋友留下来

这就需要我们在35岁之前，通过一系列筛选，将有益的朋友留下来。虽然不可能完全准确，但至少可以对自己朋友的主次有个大概的了解。35岁之后再测试朋友有点晚，而且成本更高，不划算。

2.对重点朋友重点维护

在维护重点朋友的过程中并非是对其马首是瞻、唯唯诺诺，而是君子之交淡如水，当对方需要帮助的时候，我们应该尽最大努力去帮助；当我们需要帮助的时候，也可以直接向其提出请求。

3.挖掘朋友背后的资源

当别人求助于我们的时候，我们个人也许没有能力去帮助，这时就需要我们挖掘身边的朋友来帮忙。同样，当我们求助于别人的时候，别人也可以挖掘自己身边的朋友帮忙。由于都是彼此筛选留下来的朋友，人品比较靠谱，所以办事的效率也较高。

如果人发展到一定阶段，不懂得缩小朋友圈子，一味地扩展，最终倒霉的只能是自己。因为最后认识的朋友大都急功近利，而且我们没有更多的时间去深入了解，那么就可能会让很多不靠谱的人混进我们的圈子，这些人往往会将人拖下水。

人生有限，我们每个人的时间和精力也有限，只有将更多的时间和精力放在对自己真正有意义的事情上，我们的事业才能得到长足的发展，人生才能得到更大的进步。所以，我们需要果断放弃那些无用的社交，与那些品德高尚、积极进取的人为伍，才能拥有真正高效的朋友圈子。

·朋友维护需要细节之中见真情

真正的友谊属于有心人。如果我们在人际交往中能够将对方放在心上，处处关照对方，必然能够赢得对方的真诚友谊。

其实，每个人都渴望赢得别人的关注和重视，渴望得到别人的赞美和认可，希望自己成为别人谈话的焦点。那么，在人际交往中我们就不能太自私，不能只考虑自己的感受而不考虑别人的感受。其实别人的外在需求往往我们很容易看到，而内心需求是很难直观地看到的。这就需要我们做一个有心人，对对方进行细微的观察，通过生活中的小细节来了解对方的内心需求，进而想办法满足他们，只有这样才容易得到别人的认可和信赖。

那么，怎么做才能够算得上是有心人呢？

1.观察细致，深入内心

我们要想真正地了解一个人的内心思想，就必须学会观察，而且越细致越好，比如表情、言行举止、衣着等都是观察的对象。如果人的这些方面有变化，内心世界肯定也会随之变化，当找到变化的原因后，我们就知道该说什么话、该做什么事情了。

2.记住细节，了解内心

细微之处的服务到家最能感动人，当然这需要我们有一颗观察细微之处的心，并且有好记性。比如别人的生日、结婚纪念日等，如果能够在这些特殊的日子送去特别的祝福，就容易赢得对方的心。

3.换位思考，体察内心

每个人都有倾诉的心理，但是有很多人可能会言此意彼，这就要求我们学会听对方话语背后深层次的意思，懂得换位思考，了解对方真正的需求。

在人际交往中，通过细小的事情来赢得对方的好感是最好的方法。对一些人来说，他们的大事情很多人都盯着，我们未必能够抢得上，而能够感动别人的小事情往往容易被忽略，如果我们此刻能够抓住机会，就会显得很特别。同时，利用细微之处打动别人，无论是针对朋友还是针对普通人都很管用。

在人与人的交往中，我们要努力记住对方的小事，并且在适当的时候表达出来，让对方知道你记住了他的事情，这能够让对方获得一种被重视、被尊重的感觉。当对方这种被重视的心理得到了极大的满足之后，就会对你产生好感，甚至可能会寻找最恰当的时机回馈于你，而且常常是超额回报。尤其是你提到的关于对方的事情越是微小、越是不起眼，越能够让对方感受到你对他的重视和在乎，让他获得极大的心理满足感，同时也会对你产生更大的好感。尤其是他说过的某些可能连他本人都忘记了的话，如果我们记住了，并且在与他的交流中将这些话说了出来，这样不仅能够说服对方，更能够赢得对方的好感。

综上，凡是别人没有做到的，你做到了，你就很容易赢得对方的信任；凡是别人没有记住的你记住了，你就很容易赢得对方的信赖。

在人际交往中我们要做有心人，从细微之处去感动别人收效最明显。虽然做起来有难度，但是只要我们细心观察、换位思考，总能找到抵达对方内心的道路，成就更完美的人生。

· 电话中解决不了的问题最好当面解决

现在人与人交流的渠道越来越多，比如电话、微信、微博等，但是人与人之间却变得越来越陌生了，沟通也越来越少了。这是因为很多人觉得沟通联系太方便了，只要有一个电话、一个微信就可以联系到对方，于是，沟通变得不那么勤快了，熟悉的人也变成了陌生人。和之前联系不方便相比，或者说在没有电话、微信、微博的时候，大家都知道沟通不容易，于是，大家都很珍惜，对很多事情都能够直接面对面沟通，既增进了友情又提高了办事效率。可是现在，我们联系方便了，见一个人却变得更难了。

要想拥有良好的人际关系，就需要精心维护，不能因为联系工具发达了反而减少沟通和见面的机会。我们应该有事没事都在电话、微信上或者面对面地沟通联络。如果平时连一声问候都没有，朋友之间变成了陌生人，那么等到有一天有事情的时候再去联系这个人，你觉得这个人帮助你的可能性有多大？

如果在电话中沟通应该注意的两个问题：

第一，电话沟通的频率。不一定每天都进行电话沟通，但是至少半个月、一个月进行一次电话沟通，可以是单纯的问候，也可以寻找对方感兴趣的话题交流。总之，要给对方留下你比别人更在乎他、关心他的印象。

第二，短信（微信）沟通也算电话沟通。短信（微信）沟通也是很有必要的，逢年过节或者特殊的日子都可以用短信（微信）沟通，但是记住不要复制他人的短信发给对方，这样会给对方一种你不尊重他的感觉，最好能够指名道姓祝福谁谁谁，这样显得更亲切。

电话中沟通不清楚的最好见面沟通。我们经常看到男女朋友之间在电话中吵架，而且越吵越凶，歇斯底里，这就是电话沟通的弊端。彼此看不到对方的表情，感受不到见面沟通所具有的氛围，所以，很小的问题在电话中被无形地放大了。我们与朋友沟通的时候也是如此，电话中沟通容易产生矛盾，与其这样不如见面沟通。

要想提升在别人心目中的地位，就需要经常联系，只有这样你才能在别人的心目中占有一席之地，这样才能为以后求助的时候积累资本。

在人际交往中，我们总觉得我们与某个人是熟人，于是，就不去沟通、不去了解，当有一天我们有求于这个人的时候，对方已经不再认识我们了。这样的事情经常发生，并非危言耸听。因此，人与人之间需要经常沟通，即使对那些很熟悉的人也不能缺少沟通。话又说回来，在这个竞争激烈的社会，大家都很忙，打个电话、发个短信的时间都几乎没有，更别说见面了。的确是这样，但这并非不能克服。只要是我们想见的人，无论怎样都可以见到，除非是我们不想见的人。互相沟通最差也可以打个电话、发个信息，在别人的电话簿中有一个位置。

所以，要想与我们的朋友建立良好的关系，能够见面最好，如果没有见面的条件，最好能够时常保持电话沟通。不要让老朋友变成了陌生人才想起去联系，这就有些迟了。

四、高效时间管理，让职场加速

对于每个人来说最公平的事情就是时间都一样。

每个人利用时间的差距非常的大，所以说，一个人不仅要看他在工作的八个小时内的工作效率，更要看他八个小时以外的时间管理。同样都是 24 小时，不同的人做的事情是完全不一样的，不同的人的效率管理也是不一样的，因为同样一个小时做的事情效率跟效果也不一样，所以，我们要养成一种时间管理的好习惯，这一点非常重要。像现在的小孩在学校里，老师对时间管理就做得比较严，让小孩子从小就养成时间管理的好习惯，比如及时完成作业。同样回到工作中，员工也是一样。像公司 7：45 上班，前 15 分钟会开一个早会，在 8 点钟正式投入工作。再就是考勤管理，从考勤管理再到早会管理，再到晚上的日清日结，必须有时间节点。再比如，我们都是规定在晚上 10 点钟之前要提交日清日结，这就是时间管理。那么什么是效率管理呢？更多的是日事日毕，今天的事情，今天完成。

很多人都说，我很忙，其实忙或许是假的，时间挤挤总是有的。有些人安排时间，那可能是说我上午一件，下午一件。你再给他加一件事情，他肯定要说没有办法。其实我们早上可能早一点，就可以多处理一件事。如果你把时间节点分为每个小时呢，或者每两个小时处理一件事情，或者每半个小时处理一件事情呢？如果当天有可能特别忙，有很多的突发事件，有可能你当天晚上要加班。你当天晚上加完班以后，一身轻松地去休息去睡觉的时候回想一下，做一下日清日结，是否今天所有的事情都干完了。如果是，那么你明天又是新的一天，又充满了这种活力，没有任何的负担。

时间管理最重要的天敌，就是拖延症，比如说，上午的事情拖到下午，今天的事情拖到明天，今天的事情没有完成，明天的事情也没完成，最后导致效率低下，心里的压力又很大，从而造成恶性循环。所以我们虽然不能改变时间的长度，但可以改变时间的宽度，我们要充分地去利用我们的时间。

我们要想做到有效的时间管理，就是要做到日事日毕，提升效率以及执行力。除此之外还要有一种决心，就是这个事情到我为止，下定决心今天必须要把这个事情搞定，养成日事日毕、日清日结的好习惯，最终形成一个标志，就是这个人靠谱。最后要说的是，行动力也很重要。我们经常讲一个人，他这个人的行动力特别强、执行力特别强，所有的标准跟前提都是及时。就像企业的售后服务的理念，第一就是要及时，要求必须第一时间去响应客户，去行动；第二就是专业，你去到客户现场以后要能搞得定问题；第三是愉悦，做任何事情，开心也是做，不开心也是做，而你能够做完以后让对方跟自己都保持一种愉悦的心情，那就非常好。

·知道做什么

1.知道做什么的重要性

知道做什么是时间管理的起点。很多小伙伴之所以在时间管理上出现问题，首要原因就是起点没弄清，对于"知道做什么"这件事弄不清楚。简单思考一下，如果最开始选择做的事情就错了，那不管付出了多少的努力，就只会越错越多。

要做好一件事情，有两个核心问题：第一个叫"做什么"，第二个叫"怎么做"。那么，究竟哪个问题更重要？

诚然，两个问题都非常重要。但相对而言，更重要的一定是"做什么"，因为这是做事的起点。

所以搞清楚"做什么"真的非常重要，也比想象中的要难很多。

2.知道做什么的方法："1-2-3"法则

那我们要如何才能知道做什么呢？这里有一个非常重要的法则，叫作"1-2-3"法则。

"1-2-3"法则就是用三个步骤，让我们知道要去做什么：

步骤1：收集事项

收集事项需要做什么？顾名思义，就是把要做的事情收集起来，并记录成为待办事项。

待办事项，指的就是要去办但还没办的事情。

在收集事项这一步中，有三个要点：

其一，需要收集/列出哪些事情？

需要列出的事情有两类：

第一类，很重要和有价值的事。比如，你明天有一个重要的文件要写，那这个事就要列出来。

第二类，你关注的事情。有些事情可能一下想不明白重不重要，但是你会关注这个事情。比如，你明天要陪女儿去参加一个活动，如果这个事情你关注，那么就把它列出来。

其二，不需要收集/列出哪些事情？

不重要或是不需要关注的事情，是不需要列出来的，即使列出来以后也要排除掉。这里包括两类常见的事情：

第一类，已经形成了惯例的事情。打个比方，你已经习惯了每天早上去跑步，这个事情已经成为惯例了，你还需要列出来吗？列出来有点儿多此一举的感觉。

很多人会有些纠结。我每天早上7点起来要跑步1个小时，这件事的确很重要，要不要列？答案很简单，如果这个事情已经养成了习惯，你不需要刻意关注，那就不用列；但如果你还是在坚持养成习惯的过程中，你需要关注，那就列出来。

第二类，日常琐碎的事情。比如你每天都得吃饭、喝水、睡觉，这些事情虽然很重要，但是没有列出来的必要。

其三，如何把收集起来的事情记录下来？

首先要强调的是，一定要把所有列出来的事情写下来。

有句老话说得好："好记性不如烂笔头。"不管你的记性有多好，靠脑袋记的事情就会容易忘。一定要把这些事情写下来，然后时不时地去看一眼，这样才能保证记住。

写下来，就需要相应的工具。惯用的工具一般是两种：电子工具和纸质工具。电子工具可以是电脑或者手机中的文档、记事本等工具，或者是云笔记；而纸质工具就是准备一个小本子,然后把你的待办事项列在本子上。那么哪种方法更好?

电子工具的优点是高效。所有列出的待办事项,都可以很方便地进行修改和查看;如果使用云笔记之类的软件,在电脑上写了以后,还可以到手机上查看。

纸质工具的优点是符合习惯。我们已经习惯于把东西写在纸上,因此把待办事项写在小本子上更符合我们的习惯,也更亲切。

步骤2:对待办事项进行深入理解

①待办事项的核心作用

待办事项的第一个核心作用是"抽屉"。

待办事项就如同抽屉一样,我们可以把要做的事情都装到抽屉里,而要找的时候到抽屉里去找就好了。

我们的大脑有个特点,对于时间跨度稍微长一点的事情经常会忘记。因为大脑有个遗忘机制,现在记住一件事,但是一段时间不做也不回忆,这个事情很快就会被忘记。

所以,我们要把那些要做的重要事情都装到抽屉里。当大脑记不住的时候,我们可以把抽屉打开来仔细翻一遍,这样基本就不会遗漏要做的重要事情了。

待办事项的第二个核心作用是"闹钟"。

什么时候做重要的事?光靠大脑的提醒是不够的,因为它经常会受到各种事情的干扰。

用待办事项给要做的事情装一个闹钟,来定期提醒我们一下。每天制作待办事项,定期检查待办事项,都会反复提醒我们的大脑,让我们能够及时执行要做的事情。

②待办事项的三种分类

让我们来想一想,我们所有要做的事是不是就这三类?

第一类是马上要做的事。比如,你烧了一壶水,水一开你得马上去把火关了。这种事情在我们的大脑中是最关注的,一般来讲不容易忘。

第二类是近期要做的事。这个"近期"一般指一天以上一周以内,比如说,你后天要做一件事。这个时候,我们的大脑就开始不好使了,如果不反复提醒,很可能就会忘了。

第三类是长期要做的事。超过一周以上的事,可以认为是长期要做的事。这个时候,我们的大脑更加健忘了,大脑会想"这么远的事情不着急",而随着时间过去就真的忘了。

步骤3：用三类待办事项管理三类事的具体操作

那这三类事情应该怎么管理呢？其实很简单，用三类待办事项管理三类事就好了。这三类待办事项，分别是日待办事项、周待办事项和长期待办事项。

具体操作又可分为三步：

第一步，我们要用三类列表去记存不同的事情。

三类待办事项对应的事项列表，可简称为日列表、周列表、长期列表。日列表，记存当天要做的事情；周列表，记存一个星期以内的事情；长期列表，记存超过一个星期的事情。

记存好事项后，我们就有了日、周、长期三个抽屉。

第二步，给三个抽屉里各放一个闹钟，分别进行提醒。

日列表抽屉的闹钟，要提醒我们什么？它提醒我们要现在立刻去执行。事情已经在眼皮子底下了，我们不能再等了，必须赶快做。所以，闹钟的作用是提醒执行。

那周列表抽屉里的闹钟，要提醒我们什么？它提醒我们要去安排计划。虽然做这些事情还有时间，但是我们要相应地做一个安排计划，然后按照计划去逐步执行。

而长期列表抽屉里的闹钟呢？它提醒我们的是关注。我们要让自己还记得有这么一件要办的事情，而不是过了一个星期以后，我们已经忘记了自己要做什么。

提醒执行、提醒安排、提醒关注，这就是日列表、周列表、长期列表三个闹钟起到的作用。

第三步，我们需要定期审视三个抽屉里的内容。

我们已经把事情装入三个抽屉里了，之后就要定期去审视。如果只是放在抽屉里而长期不去看，那也许装进去的事情都发霉了，我们还是没去做。那我们需要审视什么呢？

第一，有哪些事情应该要去做了。对于要做的事情，要么就立刻去做，要么就安排相应的时间。

第二，待办事项之间是否需要转换。

日列表和周列表之间的事情会经常转换。你今天本来有个事情，但是由于时间不够没做或者可以缓一缓，于是你就把这个事情写入周列表中；而周列表中的某个事情，审视时觉得现在就该做了，于是就把它写入日列表中。

同时，周列表和长期列表之间的事情也会经常转换。本周安排的事情做不了，自然就会放到长期列表中；而长期列表中计划到本周要做的事情，也会放入周列表中。

第三，有没有不再需要关注的事情。

什么是不再需要关注的事情？第一类就是那些已经完成的事情，完成了就不再需要关注；第二类就是制订计划时觉得挺好，但后来感觉没有必要再去做的事情。

不再需要关注的事情如果没有及时处理，就会产生问题：待办事项列表会越变越长，最后变成我们自己的一个包袱。因此，对于不再需要关注的事情，发现后就要立刻清理掉，这样我们才能对要做的事情保持清楚的认识。

另一个问题，我们要多久审视一次呢？

日列表，建议一天至少审视三次。早上上班、中午、晚上各审视一次。

周列表，建议至少每两天要审视一次。在审视的时候，你就可以来做日列表和周列表之间的事情转换和事项清理。

长期列表，建议至少一周要审视一次。在审视的时候，你就可以来做周列表和长期列表之间的事情转换和事项清理。

三类列表的实用技巧：

三类列表在实际使用时，有两个很重要的技巧：

第一，把日列表和周列表写在同一页中，长期列表写成单独一页。

这样做的好处是什么？因为日列表和周列表的关联度是很大的，那么当你制订日列表的时候，就可以很容易地看到周列表，这样事情就不会安排错。同时，你要做日列表和周列表中的事情转换，会变得非常的容易。

而长期列表的事情你并不需要经常来看，所以写入单独一页中就不会引起思维上的混乱。

因此，三类列表写成两页是最合适的。

第二，随时把新念头记录到长期列表中。

我们经常会灵机一动，想到一些新的点子。而这个点子不立刻记下来，说不定一个小时后就忘记了，这怎么办？

首先，我们不能让这个新点子干扰自己现在做的事，一旦被干扰工作效率就直接降低了。

然后，我们要尽快把这个新点子加入长期列表中。我们可以在长期列表中加入一个标签叫"脑洞"，专门用来记录这些临时产生的想法。当日后做长期列表审视的时候，我们再去进一步思考和判断是否要实施这些新点子。

·提升工作效率

1.如何才能提升工作效率

我们学会了确定目标、制订计划，但如果工作效率很低，结果会怎么样？结果还是差，因为我们没有办法把安排好的事情执行出结果。

因此，提升工作效率在时间管理体系中占据了一个非常重要的位置，它直接决定了最后的执行成果。

现在让我们闭上眼睛，仔细回想一下：之前自己工作效率很高的时候，会有一些什么样的表现呢？

我们是不是处于聚精会神、全神贯注的状态下？是不是心无旁骛、专心致志？

决定工作效率的核心只有一个，就是专注。

对比一下，工作效率低的时候，我们通常都是无法专注，被人各种打扰，大脑里有各种杂念；而在工作效率高的时候，我们基本一直处于专注状态、没人打扰的状态，大脑里也极少有杂念。保持专注，就是提升工作效率的核心法宝。那我们怎么才能做到专注呢？有四个超级重要的方法。

（1）一次只做一件事

为什么一次只能做一件事？因为我们的大脑最擅长的就是一次只做一件事。

大脑和电脑不一样。电脑可以同时干很多的事情，你可以一边放音乐，一边看八卦，甚至同时打游戏，电脑依然"跑"得很快。但我们的大脑是不擅长多任务处理的，当它同时去干几件事情的时候，效率是直线下降的。

有的小伙伴会有疑问，怎么好像我是一边听音乐一边工作，效率才最高呢？因为，你在听音乐的时候，并没有真正使用大脑。放音乐的作用是帮助大脑进入一个安静的状态，而且屏蔽了其他的干扰。如果你真是在用大脑去听音乐的具体内容，而同时又在工作，那肯定是没有效率的。

所以，我们要牢牢记住：一次只做一件事。

如果我们有多件事情要处理，最好的方法就是做完一件事，再做另一件事。

（2）明确事项目标

明确事项目标，为什么能帮助我们保持专注呢？让我们来看一个经典的故事。

1952年7月4日的清晨，浓浓大雾笼罩整个加利福尼亚海岸，一位43岁的妇女——费罗伦丝·查德威克，从海岸以西21英里（1英里约1.61千米）的卡塔利娜岛上涉水下到太平洋中，开始向加利福尼亚海岸游去。如果她成功了，她就是第一位游过这个海峡的妇女，在此之前，她是第一位游过英吉利海峡的妇女。

15个钟头之后，她感觉自己不能再游了，就叫人把她拉上船。在另一条船上，她的母亲和教练都告诉她海岸已经很近了，叫她不要放弃。但她朝加利福尼亚海岸望去，除了浓雾什么也看不到。

几十分钟之后，人们将她拉上船。人们拉她上船的地点，离加利福尼亚海岸只有半英里。后来她说，她放弃的真正原因不是疲劳、寒冷，而是在浓雾中看不到目标——海岸。

这个故事告诉我们：当我们看不见目标的时候，大脑就会产生各种杂念，就很容易变得疲倦，我们也就无法保持专注。

因此，做一件费时较长的事情时，我们要采用如下策略：

①开始做之前，先要把目标仔细地审视一遍。这样，大脑就很容易进入专注的状态中。

②用量化、分解、检查这三步，把大目标分解成阶段目标，让自己可以分步完成最后的目标。

③在执行过程中，用实际进展情况和阶段目标进行比对，帮助自己清楚意识到离目标还有多远距离。

（3）分段开展工作

在持续工作的情况下，我们的大脑会很疲倦，很难一直保持专注。因此，我们需要分段开展工作，做到劳逸结合。

什么叫作分段开展工作？顾名思义，就是在做一项工作的时候，不要指望一口气全部做完，而是把工作分成一段一段来完成，在分段的过程中进行有效休息。

分段工作可以这样简单理解：当我们工作一段时间后，就去休息一下，然后再回来工作。很多小伙伴会有疑问了，我们不都是这样做的吗？

其实，真正的分段工作法并不简单。一位意大利人弗朗西斯科·西里洛认真研究了分段工作法，并由此创造了一个专门的方法，叫"番茄工作法"。

番茄工作法是一个微观的时间管理方法，使用很简单，效果立竿见影。用好番茄工作法，你的工作效率就会有很大的提升。如何使用番茄工作法，我们后续再详细阐述。

（4）抗击一切干扰

保持专注的最后一个关键方法，就是抗击一切干扰。干扰是专注的大敌，如果我们不会抗击干扰，那只要干扰一来，我们就无法保持专注。

2.分段开展工作——番茄工作法

番茄工作法是怎么来的呢？方法的创始人弗朗西斯科·西里洛本来也是一个工作效率低下的人，他在大学生活的头几年，曾一度苦于自己学习效率低下。

"于是我和自己打赌，下猛药，狠狠鄙视自己说：'我能学习一会儿吗？真正学上10分钟？'我得找个计时教练，谁来替我掐表呢？后来我找到了，是一枚厨房定时器，形状像番茄。就这样，我邂逅了我的'番茄钟'。"

番茄工作法的执行步骤：

番茄工作法一共分为五步：

第1步：确定任务。在这个步骤中，你需要确定往后的时间内要完成的具体任务。注意，这个任务只有一项。

第2步：设定番茄钟数。一个番茄钟是25分钟。你需要对要完成的任务进行评估，看看需要多少个25分钟才能完成，这也就意味着需要多少个番茄钟。

第3步：开始执行任务。设定完番茄钟数以后，你就可以开始执行任务了，注意每次执行任务只用一个番茄钟的时间，时间结束了就进入第4步。

第4步：每个钟结束后休息。当每个番茄钟结束时，你需要休息一下。休息有两种情况，一种是短暂休息5分钟，另一种是稍长休息15分钟。

第5步：循环第3~4步直至结束。你需要一遍遍地进行循环，直至完成整个任务。

用一句话来说明番茄工作法：选择一个待完成的任务，设置若干个25分钟来专注工作，中途不允许做任何与任务无关的事情，直到番茄钟响起；然后短暂休息5分钟或15分钟，往复循环直至完成任务即可。

3.抗击一切干扰

干扰是专注的大敌。往往你越想要专注，干扰就越会来找你。这时如果你没有相应的对策，那你就只能受到干扰的影响，无法保持专注。

（1）干扰从哪里来？

要抗击干扰，首先就必须搞清楚干扰会从哪里来。干扰源自两个方面：

第一个叫作外来干扰。

比如说，你正在工作，手机放在身边。突然电话一响，你的注意力会不会受到影响？又比如，你在专心做事，别人跑过来找你，要向你请教一个问题，你会不会受到影响？这些来自外部的干扰叫作外来干扰。

第二个叫作内在干扰。

第一种内在干扰，就是大脑里的各种杂念。我们的大脑很疯狂，你想让它安安静静不想事，行还是不行？不行。你可以这样试试：保持清醒状态，闭上眼睛，1分钟内不做事也不想事，看看大脑中会产生多少杂念。

第二种内在干扰，来自你的情绪。比如，你现在特别烦躁，你能够专心工作吗？

第三种内在干扰，来自你的身体。坐久了累不累？工作久了要不要休息？对于这些，身体都会释放出相应的干扰信号。

（2）抗击干扰的方法

无论是外来干扰还是内在干扰，我们都需要有方法去应对。下面，分享抗击干扰的三个大招：

第一招：做好事前预防。

抗击干扰就和保证身体健康的道理一样，我们要做好事前预防，而不是等到生病了再去吃药。

首先，让我们看看如何来预防外来干扰。

①找一个干扰少的环境

一个噪声小、人很少的环境，可以减少对我们的干扰。这也就是多数高级管理人员会有一个独立办公室的原因。如果没有这样的环境该怎么办呢？你可以佩戴一副入耳式耳机，放一些轻音乐，从而降低外部噪声的干扰。

②把可能的干扰源都关掉

比如我们准备做一件重要事情的时候，可以先有以下行动：把手机设成振动或者静音模式，把桌面微信或QQ隐藏到最小或者关掉，把一切可能产生干扰的干扰源全部关闭。

③和身边的人提前打招呼

当准备做一件重要的事情时，你不妨先和身边的伙伴打一个招呼，说一句"我要做一件重要的事，请尽量不要来找我"。打了这个招呼后，他一般就不会来找你，也就不会发生干扰。

对于内在干扰，我们也有以下方法来提前避免：

方法一：做重要事情之前，先调整好情绪和身体状态。

你可以适当休息一下，甚至可以先稍稍娱乐一下，让情绪和身体都进入一个比较舒服的状态。如果状态不舒服，当你一开始做事的时候，大脑可能就会提出抗议，甚至罢工。

方法二：对重要的事情，尽可能分配足够的连续时间。

我们应听过这样一句话："一鼓作气，再而衰，三而竭。"这句话揭示的道理是，如果我们一直专注于做一件事，效果就会很好，而如果做一下又中断，效果就会很不理想。

因此，如果要做的事情很重要，你就要为它分配一个连续的时间段。如果使用番茄工作法，那就分配几个连续的番茄钟。

第二招：事中降低影响。

即使做好了事前预防，我们也无法完全避免干扰的发生。比如，你正在专心工作，老板一个电话打来，要找你谈点儿事情。这个时候，干扰已经无法避免，那怎么办呢？

我们可以用以下流程，来降低外来干扰的影响：当干扰的事情来了，我们首先要判断干扰事情的重要程度。

如果这件事不重要，我们的策略就是尽量拒绝。比如，在工作时，有同事找你讨论问题，你发现讨论的问题并不重要，那就坚决拒绝。

如果这件事情重要，我们紧接着就要判断事情的紧急程度。

如果这件事虽然重要但并不那么紧急，我们的策略就是延迟干扰。

尽量拒绝和延迟干扰是降低干扰影响的两个核心策略。道理很简单，不重要的事情推掉，不紧急的事情晚点来做，这样就可以保证正在做的事情不会因此被打断。

事中干扰的第二种情况来自内在。比如说，你在写一篇文章，但写着写着有些烦躁，感觉写不动了。大脑已经发出了干扰的信号，那这个时候的处理流程是什么呢？

这个时候，我们首先要做的是停下手上的事，然后做一些简单的调整。常见的调整比如，揉揉头，晃动脖子，伸懒腰，捏一下肩膀。做这些调整，可以让大脑摆脱干扰信号的影响。

在调整的同时，要问自己一个问题："是先休息一下还是再坚持一会儿？"这个时候大脑会理智地给出答案。如果答案是"先休息一下"，那就不用犹豫了，立刻去进行休息和调整；如果答案是"再坚持一会儿"，这个时候大脑也能欣然接受。

第三招：事后复盘总结。

抗击干扰经常会失败。失败不可怕，可怕的是不知道原因。

每次抗击干扰失败后，我们都应该去做一个复盘总结：这次抗击干扰做得到位吗？什么地方做得不够？下次如何才能做得更好？

五大思维

一、黄金队伍，从责任感开始

任何一个人要想有所成就，要想能够升职，要想能够成为比别人优秀的人，首先就是要有责任意识。你想做一名合格的员工也是一样的，不论是管理者还是员工，想有所作为，其实最重要的就是负责任，否则是很难立足的。一个学生如果没有责任思维，那成绩肯定是不会好的。销售人员也是一样，如果没有责任心，那单子就很难去成交，业绩肯定不好。一名员工，如果没有责任思维，可能连合格的员工都做不了。一个企业的老板，如果没有责任思维，肯定是做不好的，如果都做不成老板，还谈何做好老板？一个企业，不同的人级别不一样，责任也不一样。作为一个企业家，你所要承担的不仅仅是客户的责任，也要承担员工的责任，还有经销商的责任、社会的责任。

责任思维可以说是五大思维中的第一个。"我是一切的根源。"这句话非常有力量。一切的一切都不要怪别人，要先从自身去找原因。不要说我们的企业有时候做不好是员工出问题，其实也是我们的问题，我们是一切的根源。这名员工是不是我们没有教育好？是不是没有给他创造好的条件？是不是我们没有给他做好的培训？那如果还是不行，是不是才智问题？我们是不是招人的时候招错了呢？选材的时候就选错了呢？为什么不换掉他呢？是吧。所以要么换掉，要么整改，所有的责任都是我们企业的责任，做不好就是老板的事。同样的道理，部门做不好，一定是这个部门一把手的责任。我们讲做企业其实经营的就是一把手工程，所以你要想，任何一个部门做不好，其实就是部门一把手的责任。任何公司做不好就是老板的责任，企业家的责任。那么作为一个人来说，自己是一切的根源，自己对自己负责，对自己负责的岗位或者部门来负责。有一句话叫"永不抱怨"，因为抱怨是无能的表现。实际上我们大部分人，都很容易去抱怨，这个事情怎么怪我，为什么怪我？那我们在抱怨的时候，要及时止损，哪怕抱怨了一半，也要咬住，因为抱怨是无能的表现。而这两句话在我们公司，已经贴在墙上来警醒公司每一名员工，包括我自己：我是一切的根源。我永不抱怨，因为抱怨是无能的表现，我要对自己负责。我们做企业的，首先对自己负责，然后对客户负责，对团队负责，对上级领导负责，还要对公司负责。当然我们还有生活，还要对家人负责。企业还要对社会负责，一个没有责任心的人，是没有办法委以重任的。责任思维，是我们的第一大事，一切都要对得起我们身上的责任，这样才能够立足于社会。

·选择了工作就是选择了责任

在这个世界上，我们每一个人都有责任。责任伴随着我们生命的始终。从我们来到人世间，到我们离开这个世界，我们每时每刻都要履行自己的责任：对家庭的责任、对工作的责任、对社会的责任、对生命的责任。这些责任都是我们推托不掉的。

责任体现着一个人存在的价值。我们的家庭需要责任，因为责任让家庭充满爱。我们的社会需要责任，因为责任能够让社会平安、稳健地发展。我们的企业需要责任，因为责任让企业更有凝聚力、战斗力和竞争力。无论你所做的是什么样的工作，只要你能勇敢地担负起责任，你所做的就是有价值的，你就会获得尊重和敬意。

责任是一种担当，一种约束，一种动力，一种魅力。责任是每个人应有的品质。在这个世界上，没有不需要承担责任的工作，相反，你的职位越高、权力越大，你肩负的责任就越重。只要是你的责任，你就要勇敢地承担。面对你的职业、你的工作岗位，请你记住：这就是你的工作，你要为自己的工作负责。

工作呼唤责任，工作意味着责任。责任是对自己所负使命的忠诚和信守，责任是对自己工作出色的完成。可以说，责任与工作同在。一旦你接受某项工作，你就对这项工作负有不可推卸的责任，它就像血液一样融入你的身体里，即使你不想承担，也无法把它与你分开。

在你的生活当中，大部分的时间是和工作联系在一起的。你对工作的态度决定了你对人生的态度，你在工作中的表现决定了你在人生中的表现。社会学家戴维斯说："放弃了自己对社会的责任，就意味着放弃了自身在这个社会中更好地生存的机会。"同样，如果你放弃了自己对工作的责任，就意味着放弃了在企业里更好发展的机会。没有责任感的人，任何一个企业都会弃如敝屣，即使侥幸留在企业里，也永远不会获得成功。

比尔·盖茨曾对他的员工说："人可以不伟大，但不可以没有责任心。"比尔·盖茨说这句话，是建立在他对工作认知的基础上的。因为一个人只有具有高度的工作责任感,才能在工作中勇于负责,保质保量地完成工作任务。

一个人有了责任感才能够实现自己的承诺,有了责任感才能够正视困难勇往直前,有了责任感才能够得到别人的尊重。不要忘记你的责任,不要害怕承担责任。下定决心,你一定可以承担任何职业生涯中的责任,你一定可以将工作任务完成得更出色。

所以,如果你不愿意拿自己的人生开玩笑,那就在工作中勇敢地负起责任吧。

·每一个岗位都有一份责任

在一家企业里,每个人都有自己的工作岗位,每个工作岗位都包含着一份责任。岗位职责是企业组织对岗位或职位在功能上的特定要求。岗位职责的出现,是由企业的战略和组织目标所决定的。岗位职责确定之后,岗位的工作内容和范围就此也能相应地确定,从而有效避免了岗位与岗位之间、部门与部门之间产生矛盾和冲突,使其既能各司其职,又能彼此协调合作。

但在现实工作中,总有一些员工,他们或是趁老板不注意时偷偷地玩游戏;或是煲与工作无关的"电话粥";或是将本来属于自己的工作推给其他同事,还总是认为别人比自己干得少;或是当老板布置一项任务时,不停地提出这项任务有多艰巨,暗示老板在做成之后给予加薪或者做不成也情有可原。正是因为如此,他们的工作效率总是如此的低,顾客的满意率怎样都提不高,其薪酬、职位也就只能长期得不到提升。

一位成功学大师说过:"认清自己在做些什么,就已经完成了一半的责任。"只有认清自己的职责,才能知道该如何承担自己的责任,正所谓"责任明确,利益直接"。如果不能承担责任就会出现相互推诿、相互扯皮的现象。

任何对岗位责任的推脱、不满或抱怨,带给企业组织的只能是破坏和无效的影响。所以,认清每一个人的责任是很有必要的。岗位责任需要责任承担人具有强烈的责任意识,因为企业管理中出现的很多问题,譬如办事拖拉、效率不高、执行不力等现象,都与岗位责任人缺乏责任意识有关。

责任不仅对于企业很重要,对于每位员工来说也同样重要。不要以为自己只是一名普通员工,其实能否担当起你的责任,对整个企业而言,同样具有很大的意义。企业界一个个鲜活的实例告诉我们,只有坚持岗位就是责任这一重要原则,员工才能更好地随着企业的发展而进步。

我们每个人都在不同时间、不同地点扮演着不同的角色,每一个角色都意味着不同的责任。在企业里,尤其要明确责任。在一个企业里工作,首先你应该清楚你在做些什么。只有做好自己分内工作的人，才有可能再做一些别的事。相反，一个连自己工作都做不好的人，怎么能让他担当更重要的责任呢？

既然已从事了一种职业，选择了一个岗位，就必须做好它的全部。不管你是在做一份接线员的工作，还是身担总经理的大任，在每个工作岗位上都要有责任感，全心全意做好工作。

·有责任感的员工最受企业欢迎

在工作中，不同的工作态度决定了不同的境遇，有的人成为公司里的骨干员工，得到老板的器重；有些人牢骚满腹，碌碌无为。这两种截然不同的工作结果的原因就是是否具有责任感。不同的态度和服务，区别就在于是否具有责任感。

责任感是一个人对自己的所作所为负责。有责任感的人会努力工作；有责任感的人会听从安排；有责任感的人说到做到。当你拥有了工作责任感后，一切的思想观念都会变得积极向上。对员工来说，能够主动承担责任的工作心态就是有责任感。

责任感的最大受益者是我们自己。因为一种对事业高度负责的责任感和忠诚感一旦养成之后，会让你成为一个值得信赖的人，可以被委以重任的人，这种人永远不会失业。

一个人能力的大小，知识只占了20%，技能占了40%，态度也占到40%，而一个人最重要的态度就是责任感。一件事情做得好与坏，就看做这件事的人在怎样做，是怀着什么心情在做，是不是用心在做，是不是以高度的责任感在做。当一个人真正用心做事的时候，他就会一丝不苟地把事情做到最好。

一名优秀的员工，应该拥有责任感。一个人责任感的高低，决定了他工作绩效的高低。当你的老板因为你的工作很差劲批评你的时候，你首先要问问自己，是否为这份工作付出了很多？是不是一直以高度的责任感来对待这份工作？一个有责任感的人是不会给自己的工作交出一份白卷的。

一个人的责任感决定了他在企业中的位置。一个人不管从事什么样的工作，平凡的也好，令人羡慕的也好，都应该尽职尽责，在负责的基础上求得不断进步。每个老板都很清楚自己最需要什么样的员工，哪怕你是一名做着最不起眼工作的普通员工，只要你担当起了你的责任，你就是老板最需要的员工。

一个有责任感的员工，不仅仅能完成他自己分内的工作，而且他还会时时刻刻为企业着想。比如，他发现公司的员工工作效率比较低，或者他听到一些顾客对目前公司的抱怨，他会积极思考，为公司提供一些建议来改善。而没有责任感的员工就不会发现这些问题，或者发现了也不会反馈到管理层，"那是领导者的事，我们瞎操什么心呀。说不定，费力不讨好呢"。其实，你的费力绝对不是不讨好的，一名有责任感的领导者也会非常感激这样的员工，而且他会很欣慰，因为他的员工能够如此关爱自己的企业，关注着企业的发展。他也会为这样的员工感到骄傲，也只有这样的员工才能够得到企业的信任和欢迎。

·世上没有做不好的工作，只有不负责的人

世界上怕就怕"认真"二字。任何一项工作，无论它多么艰难，只要你认真负责，就能够取得成功。世界上没有做不好的工作，只有不负责的员工。只要我们认真去做，以高度的责任感投入其中，任何工作都可以做好。

管理学家认为，责任首先是员工的一份工作宣言。在这份工作宣言里，你首先表明的是你的工作态度：你要以高度的责任感对待你的工作，对你的工作不懈怠，对工作中出现的问题敢于承担。这是保证你的任务能够有效完成的基本条件。

责任是一种生存的法则，能确保一家企业在竞争中生存。无论是个人还是企业，依据这个法则，才能够存活。无论是老板还是员工，大家都在承担着自己的责任。而且无论是谁在承担责任时都不是轻松的。因为不轻松，能够担当责任的人才更值得尊敬。

责任承载着能力，一个充满责任感的人，才有机会充分展现自己的能力。责任不仅可以使人发挥自己的潜能和能力，责任还可以改变对待工作的态度，而对待工作的态度，决定你的工作成绩。

我们常常认为只要准时上班、按时下班，不迟到、不早退就是对工作负责了，其实这些都只是停留在工作的表面。有责任感的员工从不等待、推诿，总是力争把工作做得最好，让自己的工作为企业争取最大的收益。

一名员工承担的责任越多越大，证明他的价值就越大。所以，应该为你所承担的一切感到自豪。如果你能担当起责任来，那么祝贺你，因为你负起你的责任，不逃避不退缩。勇于承担责任，是每一位员工迈向成功的第一准则。责任感无处不在，存在于生命的每一个岗位。工作就意味着责任，如果你还不明确自己的职责是什么，那么你就还没有真正地工作。勇于承担责任是一个人立足职场并做出成绩的基础和保障。职位越高，责任越大；工作越难，责任越重。

一个人的工作做得好坏，最关键的一点就在于有没有责任感，是否认真履行了自己的责任。在工作中，我们要清醒、明确地认识到自己的职责，履行好自己的职责，发挥

自己的能力，主动完成工作。只有认识到、了解到自己的责任，清楚自己的职责，并承担起自己所在工作岗位的责任，工作才能由压迫被动转化为积极主动，并享受到工作的乐趣，体验到取得成绩的快乐。

美国前总统奥巴马在他的就职演说中说："这个时代不是逃避责任，而是要拥抱责任。"责任是对自己所负使命的忠诚和守信；责任感是让自己的工作出色完成的动力。任何时候，我们都不能放弃肩上的责任，扛着它，就是扛着自己对生命的信念。责任的存在，是上天留给世人的一种考验，许多人通不过这场考验，逃匿了。许多人承受了，自己戴上了荆冠。逃匿的人随着时间消逝了，世人会把他忘却；承受的人也会消逝，但他们的精神却被人铭记。

人们常说责任重于泰山。可以说，一个人的成功，都来自追求卓越的精神和不断超越自身的努力。从某种意义上讲，责任感已经成为人的一种立足之本。一个有责任感的员工，不为失败找理由，因为他敢于承担责任；不为错误找借口，因为他善于承担责任；不为公司添麻烦，因为他乐于承担责任。而一个缺乏责任感的员工，首先会失去社会对自己的基本认可，其次会失去别人对自己的信任与尊重。

一个企业就像一个大家庭，每个员工都有不同的工作岗位，同时也担负着不同的责任。如果你是一名员工，你就有责任去完成自己的本职工作；如果你是一名管理人员，那么你就要认真做好自己所分管的管理工作；如果你是一名领导者，你就有责任带领员工把单位效益搞上去，提高职工的福利待遇，让企业发达兴旺。

企业是大家的，员工是企业的一分子。每个员工都要勇于承担责任，以企业兴衰为己任，不逃避不退缩。

·让责任感成为自己的工作习惯

行为变为习惯，习惯养成性格，性格决定命运。一个人把一天的工作做好并不难，难的是把每天的工作都做好。而要做到这一点，就需要我们将责任感放在心上，并让其成为自己的工作习惯。

客厅中一架巨大的挂钟在嘀嗒嘀嗒地不停走着。

一天晚上，突然一阵哭泣声传了出来，于是客厅里的家具到处寻找声音的来源，最后发现，原来是秒针在哭泣。客厅里的家具忙问它为何哭泣。秒针边走边说："我的命真苦啊！每当我转一圈时，分针才走一步，我转60圈时，时针才走一步。一天下来，我必须要转1440圈，一星期有7天，一年有365天……我如此瘦弱，却不得不一圈一圈地转下去，而分针和时针比我壮实却不用如此，我实在是不堪重负啊！"

家具听了它的话，思考了一下，安慰它说："不要过多地去想其他的事情，你只要一步一步地往前走，做好你的事情，在你的岗位上也能够实现自己的人生理想，就会变得轻松愉快。"

这虽然是一个故事，却生动地向我们揭示了这样一个道理：我们无法掌控发生在我们身上的所有事情。我们能控制的事情只有一件，那就是我们自己怎么做。

我们每个人都希望自己被别人赞许是一个责任感强的人。作为员工，工作上的改变和进步，不单纯靠能力和智慧，更要靠每天一点一滴的勤奋积累。要想事业成功，没有一番吃苦耐劳、勤奋如一的努力付出肯定是无法达成的。所以，让我们从每一件小事开始做起，让责任感成为自己的工作和生活习惯。相信这一习惯不仅对目前的工作有益，更会让自己的人生受益匪浅，使我们的人生达到更高的境界。

责任感既不是一个承担压力的痛苦过程，也不是一项非做不可的苦差事，它是一种源自内心的高度自觉。对于一个责任感强的人来说，责任已经成为他生活态度的一部分。无论在什么时候、什么场合，他都不会忘掉自己心中的责任感。

天下没有免费的午餐，任何人都要经过不懈努力才能有所收获。收获成果的多少取决于这个人努力的程度。做好工作的关键是让责任感成为自己的工作习惯。作为员工，我们应该清楚地知道"我每天做的是什么、我为什么要这样做、我能不能做得更好"。心怀责任感，要求我们在工作中要尽职尽责，做就要做到最好，每一件事和每一天的工作都要尽最大的努力去做，在工作中饱含热情。

平凡的事情，你能持之以恒、勤恳务实地做好，就是不平凡；简单的事情，你能驾轻就熟、不出差错地做好，就是不简单。看看我们身边：从工作多年的老员工，到刚毕业上岗的大学生，要想在旷日持久的平凡中感受到工作的伟大，在重复单调的过程中享受到工作的乐趣，那就必须让责任感成为自己的工作习惯。一个人只有对自己的生活和工作时刻抱着负责的态度，他才能坦然无愧地面对自己的内心。愿我们每一位员工都能心怀责任感，认认真真做好每一天的工作，最终让每一份日常工作、每一个平凡岗位，都成为事业发展的支点。

二、团队执行，结果第一

我通常会问员工：这个事情怎么样了？做了没有？他说："做了。"做了没有用，做好了才有用，有句话叫没有借口，不用结果说话都是不准确的，在我们公司叫"没有借口，成果说话"。因为结果有好有不好。当我们问这个单子怎么样了时，我们的业务员通常会有这么几种说法：第一种是跟我说在跟，这个属于讲话不落地，没有成果。第二种说这个单子跟了，后面丢了，这也是没有成果。那第三种呢？就是成果导向："这个单子我在跟，现在我已经做了哪些工作，是怎么去做的。后来客户又提出了一些什么问题，我要通过什么方式去解决，然后这个单子我一定给它拿下。"保证结果，这个就是成果思维，就像我们古代的带兵打仗，诸葛亮分配任务就是，关羽负责做什么，张飞负责做什么。指令拿到后，大家会做出保证：放心！如果失败，提头来见！这就是结果。

成果思维是什么呢？举个例子，我们让一个公司的销售人员去跟单。我是让这个销售去做什么？有的人会说，领导你是让我去跟单。我说错。如果让你去跟单，其实这是什么？这是一个任务思维。我们不能做任务思维，而做成果思维。任务思维，领导让跟单。其实领导不是让你去跟单，领导是让你去把这个单子拿下。二者区别很大，领导让你去把这个单子拿下，这就是成果思维。

你认为领导让你去跟单，那就是任务失败。我们讲没有苦劳只有功劳。这个世界上其实你说干了多少事，每天起早贪黑，这对企业来说都是没用的。我们讲不要假装努力，结果不会陪你演戏。所以我们这个社会，演戏很多，公司里面也有很多员工都是"最佳男主角"，让老板觉得他很忙很努力，但事实上他都是在应付任务敷衍工作。自己没有一种成果思维，没有说我来了就想给公司创造价值，而这个事情领导交给我，我只是在做，是没用的，别说你只是让我做这个事情。我说你帮我去写一篇报道。他说好的，最后写的没法看，内容完全不行，写出来不能用，其实这就是一种敷衍工作，一种任务型，而不是成果型。而成果型就是我保证完成，领导我想这么做，这么写，最终写出了东西，非常的漂亮，能够超出领导的预期，这就是成果思维。我们现在需要买一本书，或要买一个礼物送给一个客户，结果他去了以后，说没买到。大家说这是什么意思？他说我也去了，我找好多店，这个没有买到。这事是有苦劳，没有功劳，所以在企业里面不认这种苦，这种事价值为零。

五大思维中成果思维就是绝不做任务型，只做成果型。成果思维才是我们唯一有价值的思维，所谓的成果思维都会有的，不管好还是不好。更多的人都是做任务型，你让我在做我也做了。做了跟做好了，我们讲做了是第一种，第二种做完了，第三种是做好了，只有做好了才有价值。做了是没有价值的，做完了有没有价值不一定，只有做好了才有价值。去跟个单子也是在跟，跟丢了还有没有价值？跟单通过什么努力，遇到什么困难，最终我做成了，这才是有价值的。一定要做一个成果型的人，而不要做任务型。

·做结果，做任务

1.发传真是任务，收到清晰完整的传真是结果

举个例子，就拿我们平时发传真给对方来说，有的员工拿起电话，拨通之后把传真发过去了，就算完成了任务。经理问："传真发过去了吗"？答："领导，放心吧，发过去了。"一副胸有成竹的样子。结果呢？好几天过去了，对方来电话问经理："传真呢？"

什么是发传真的结果？是收到。收到什么？是清楚、不缺页的传真。谁收到？是收件人收到。所以，收件人及时收到清晰完整的传真才是结果。

结果定义清楚了，做法将大不相同，除了发过去之外，还要打电话问一下对方收到几页，是否清楚，如果是由别人转交的，一定要叮嘱这个人立即或几点前转交，并请他承诺，最后打电话或发短信与收件人确认是否收到。这才是一个完整的过程和一个合格的结果。

我们之所以执行难，很大程度上是我们不清楚什么是结果，就像发传真一样，传真发了是结果吗？当然不是。那么传真发了是什么呢？我们管它叫任务。

2.结果是"三有"，任务是"三事"

什么是结果？什么是任务？给大家三个要素去衡量。

结果的三要素是"三有"，即有时间、有价值、有考核。有时间，就是要有结果完成的最后期限，什么时间完成要清楚。有价值，就是结果一定是客户要的，客户认可的结果才是有价值的结果。有考核，就是结果可以看得见，摸得着。你说完成结果了，要拿出来让大家看到，人们不相信你说了什么，而是相信你做了什么。

任务的三要素是"三事"，即完成差事——领导要办的都办了；例行公事——该走的程序走过了；应付了事——差不多就行了。对程序负责、对形式负责、对苦劳负责，就是不对结果负责，就是做任务。

你问销售员今天做什么了，他说拜访客户去了。你问："结果呢？"答："结果就是拜访客户了。"这就是不懂得什么是结果与任务。

拜访有订单或回款是结果，其中，有时间——今天，有价值——客户满意了，可考核——合同或支票可以看得见。如果客户很满意，表示再次购买，那就是超值结果了。

但是，每次拜访不一定都有合格结果，可以是差一点儿的结果，也比没有结果强。比如，签订一个意向书，得到客户购买承诺，约定下次见面的时间，得到客户对我们服

务的三条改进意见，等等。

最差的结果是客户拒绝了，那么也要写一个拜访总结发给大家，总结一些经验教训，与大家做个分享，对同事来说也是一个好结果。

这些都是结果，只是价值的高低不同而已，但毕竟是结果，唯独拜访本身不是结果，没有价值，不可考核，是做任务。

如果我们不懂得结果与任务的区别，我们就会有许多发传真、拜访客户这样做任务不做结果的情况发生。质检员和安全员把"走了一遍"当成了结果；技术人员把图纸"画出来了"当成了结果；生产工人把产品"生产出来了"当成了结果；保安员把"巡逻了"当成了结果；会计把报表"交上去了"当成了结果；部门经理把任务向下属"安排了"当成了结果；总经理把计划"进行了"当成了结果；董事会把"开会了"当成了结果；股东把"举手了"当成了结果；我们都把每天上班"8个小时"当成了结果……如此这般地认识结果，我们的公司最后就只有倒闭的结果。

所以，学习执行力，从什么是结果开始。每做一件事，都要问问自己，问问对方，我做的是结果还是任务。

3.挖坑是任务，挖井是结果

如何做出结果来呢？首先从执行的起点——结果定义开始训练。训练的效果就是员工能够用"结果三要素"，迅速准确地说出什么是结果，什么不是结果，开口闭口都是结果语言。我们执行启蒙就从说结果开始，我们的商业文明就从结果交换开始，企业的执行力与竞争力才会从根本上得到提高。

如何训练呢？给大家一个方法，就是故事法，"讲故事，不讲道理"。要在公司经常讲一些有关结果的经典的段子，让这些段子流行起来，一说大伙都懂，立即产生影响，立即能够纠偏，减少我们的沟通成本。

比如，你可以给你的团队讲"打篮球"。有的人打了一场球，投了100个球，可是只投中了5个球，有的人也打了一场球，也投了100个球，投中95个球。那么谁是做结果，谁是做任务呢？当然前者是做任务，后者是做结果。因为投篮是任务，投中才是结果。所以，以后再遇到发传真没有结果的时候，我们就要大声地说，发传真是投篮，对方收到清晰完整的传真才是投中，我们要投中，不要投篮。

比如，你可以给你的团队讲"挖井"的故事。村主任派一个人去挖井，并与他讲好了价钱，他忙了一天，挖了好几个坑，没有见到水，但是他要求村主任付他工钱，村主任对他说："你凭什么要工钱？"那个人说："我已经干活了，应当有工钱。"村主任说："你给我的井在哪里呢？"那个人指着挖的几个坑说："我挖了几个坑，不就是为找水吗？"村主任说："那个不是我要的结果，我要的是见到水的井，而不是坑。"我们说，挖坑是做任务，挖井才是做结果。所以，以后下班的时候，我们不禁要问问自己，问问手下：你今天是挖了几个坑，还是挖了一口井？你去拜访客户了，没有结果，我们就要大声说，拜访客户是挖坑，拿回订单是打井。

4.一段选手做任务，九段高手做结果

为什么会出现做任务的现象呢？因为我们不知道什么是结果的极致，没有对结果极致的追求，我们就停留在做任务的假象中。

什么样的人是做到极致的人呢？就是高手，就是九段高手，棋手有九段，员工也有九段。我们以销售员做拜访为例子，来看看什么是九段销售员。

一段销售员"打电话"。销售的结果是什么，是订单和收款。如何才能实现这个结果呢？找到客户是第一步，最简单的方法是打电话，但是电话里无法成交，只能让客户感到购买的兴趣，最强的电话行销高手也只是说服客户亲身参加体验。

二段销售员"走一趟"。电话不能够产生体会，见面才能谈成生意，出去总比待着强，先走出去再说。去拜访客户，哪怕认个门，也是很好的结果，也许客户没有购买的需求，婉言谢绝了你，但是你毕竟与客户见了面，接触是一切成交的开始。

三段销售员"留机会"。拜访时遭到客户谢绝是正常的，谢绝之后，你的结果就是"不要关上谈判的大门"，要跟客户说，没有关系，以后也许还会有合作的机会，留下产品资料和自己的名片，要来客户联系人的名片或通信地址，给自己留下一个将来合作的机会。

四段销售员"做投入"。什么是商人，商人首先是投入，从非业务价值层面提供价值，像秘书一样，提供产品与行业信息供客户参考；像朋友一样与客户交流工作、生活的体会，讨论客户关心的日常问题；像顾问一样，分析客户采购的得与失、利与弊，提供性价比最好的解决方案。

五段销售员"做备战"。根据客户需求和特点，制定"破冰"的策略，准备好说服客户的一切有效资料和话术，将自己武装到牙齿；主动向技术、商务等团队提供客户信息，请他们支持你的销售，最好是组成专业团队，集体出击，让客户在各层面、各专业上都感受到你提供的价值，心怀感激，产生强烈的购买欲望。

六段销售员"做成交"。当看到客户有很高购买意向的时候，立即出击，争分夺秒，快速实现成交，要懂得客户不消费是对他自己的不负责任，也是一名销售员的失职，只有成交才是真正的商业交换。注意，成交不只是收回定金或首期款，最完整的结果是"收回全款"。

七段销售员"超期望"。不能够人走茶凉，要调动客服、安装、维修人员，主动帮助客户解决产品安装、使用中的问题，做好售后服务，要像走亲戚一样，经常问候和拜访，让客户感觉到超越期望的价值。

八段销售员"再成交"。一次成交不算成功，持续做好售后服务，让客户能够介绍他人购买，或再次购买，才是销售员最大的成功。因为只有被你感动的客户，才会对你有更多的回报，忠诚客户由此产生，那是你一生用之不竭的宝贵资源。

九段销售员"做流程"。个人的成功一定是在团队中成长的结果，把你从拜访到成交或再成交的过程，写成业务流程，有时间节点、有操作要点、有使用工具、有应对方案，让其他同事一看就懂，一用就灵，团队也会回馈你。1+1>2，团队的成长有你的一份功劳。

同样是做销售，同样是做拜访，你的结果做到什么程度？你的水平到了几段？水平决定身价，身价决定报酬，一段销售员一个月给500元都不少，九段销售员一个月收入10000元也不多。态度决定行动，行动决定结果，结果决定人生。

• 如何做结果

1.做结果的两大原则：客户原则与交换原则

（1）客户原则

结果是给客户的，要让客户满意才叫结果。我曾经问过一位技术员："您的结果是什么？"他回答："研发出体现新技术的产品来。"我问还有吗，他答不上来了。我让销售部和生产部的同事补充，生产部的同事说："技术部的图纸要能够生产，最好还要指导我们生产出样品来。"销售部的同事说："客户需要的设计，就是最好的设计，客户满意的产品，就是最好的产品，而不是我们总说，我们的技术有多好，我们的产品就是宝。"

从中我们可以看出，如果以客户需求为原则的话，作为技术人员，他的结果至少同时有三个条件：能够体现新技术、能够用于生产、能够让客户满意。因为生产、销售、客户都是技术部门的客户，只有客户要的，只有客户满意的结果，才是好结果。

（2）交换原则

结果是可以交换的，不是无偿的，不是不要回报的，从结果定义开始，就是为了实现商业的交换。

举个例子，有一家做配电箱的企业，年产值也有1个多亿了，老总是个"超级员工"，公司中60%的订单都是他出面谈来的，他是公司的"销售大拿"，是决定公司业绩的英雄，但是企业发展到这个规模再也上不去了，为什么呢？因为一个人的能力毕竟是有限的，老总就是超人，他也有极限。有很好的产品，为什么业绩没有上去呢？是营销能力的问题，团队能力跟不上。为什么不教会员工像自己一样做业绩呢？教了，但教的结果，让大家拿订单才是结果。

什么叫作结果？结果不是你教了，而是你得到了什么回馈，如果你教的结果，不能够带来订单，就是做任务，因为只有输出，没有输入，没有实现价值交换。

在公司管理中，我们有多少没有实现交换的结果呢？部门经理打报告给老总就算完成任务了，老总不回复也不吭声；人力资源经理把简历从网上下载下来，往用人部门一扔，这人能用不能用就不管了；秘书通知大家开会，提前一周就发了通知，开会前一天也不提醒，参加人是否到齐她不管了……大家可以找一找，类似这种情况，好像都是做了结果，但是没有实现结果的最后交换。我们的工作计划有多少被搁浅、被荒废？所以，让我们牢固地树立起这样的结果思维，我给你结果，也请你用结果来交换。

2.做结果的两种思维训练法：外包法与底线法

如何让我们形成结果思维呢？答案是必须经过一些训练，给大家介绍两种方法：

（1）外包法

我们经常做这样一个调查，就是问老板："如果有一天，你让一位员工去书店买书，他跑了好几家书店，倒了好几路公共汽车，大热天的一身汗水，中午吃饭太急了，肚子又很痛，结果快要下班时回到公司已经快虚脱了。请问，如果他的工资是100块，你给不给？"90%以上的老板都说，肯定要给。

然后，我们又问："还是去买书，这次是你在网上订购的，对方承诺下午5点前送到，这位送书的员工也有同样的经历，没有按时把书送到。最后网站打电话抱歉地通知你：'我们的送书员出了点儿事，今天书送不到了，不过他也很辛苦，你还是付了今天的钱吧。'请问你会不会说，是呀，他辛苦了，这个费用我付？"90%的老板会说："不，一分也不付！不让你赔偿损失就不错了，还想要钱，门儿也没有。"

为什么同样的事，一位是自己的员工，就要给工钱呢？而另一位是送书员，你就不付了呢？因为在我们的心中，内部不是商业承包关系，买书就是办一件事，办好办坏没有太大的问题；但是网站却不行，他们与老板是买卖关系，是承诺了的，是有契约的，是承包的，没有结果当然不付钱。

我们应当强调，在公司，假如你出不来结果，我可以外包给别人做。如果你做不好账，我就请个会计来做；如果你审计不出来，我可以请审计师来做；如果你设计不出来，我可以外请设计师来做；如果你加工不出来，我请个技工来做；如果你招聘不到人，我请人才中介来做……但是，如果别人做到了，这个钱，你来付。因为我们要的是结果。

我们应当强调，在公司，无论是谁，只要领导指派了，只要自己答应了，承包关系就确立了，用外包的思维去做结果，做不出客户满意的结果，就没有理由和资格要钱。团队的每位成员，都要像商人一样，像承包项目一样，去努力地追求结果，直到完成，那么我们的执行力将会大大提高。

（2）底线法

做结果，上有完美的结果，中有合格结果，下有底线的结果。底线结果虽然不好看，但是太重要了。因为底线结果，是一切结果的大前提，没有底线结果，其他一切结果都不成立，都没有存在的意义。

有一家公司，春天去八达岭春游踏青，顺便栽些小树，既绿化了山水，又丰富了团队文化生活。办公室主任热情高涨，细心准备，从现场考察吃住条件，到准备车辆用品，从扑克、饮料、食品，到手套、手巾、防晒霜，样样都齐了。大家一早出发，兴高采烈，浩浩荡荡来到了青山绿水之间，同事们说栽树吧，好，栽树。结果办公室主任一拍大腿，坏了，忘记带树苗了……

这就是典型的做结果没有底线，大家干什么来了，不是来参加栽树活动，顺便玩一玩吗？结果是什么，结果是忘记带树苗了，忘记了底线的结果。

这种没有底线思维的情况，在企业的管理中经常出现。

比如，有一位负责招聘的人事主管，要招聘一名会计。他不是首先认真检查应聘者的证件，而是上来就介绍一通公司的历史与文化，最后想起证件来了，一检查，傻眼了，这位应聘者没有会计证，你说这不是浪费时间吗？有一位销售人员去客户那里签订合同，设计了一整套签约安排计划，公司什么人参加，什么时间到，双方老板谈什么，带点什么礼物……一切都安排妥当了，签订合同时傻眼了，合同忘记带来了……没有合同，准备再好的香槟酒，又有什么用呢？

我们要经常这样训练，请人吃饭，别忘带钱包；出差上飞机，别忘带身份证；拜访新客户，别忘了带好自己的名片和公司的销售资料；面试应聘者，别忘记先看证件；财务报表，别出现数据错误；生产一批产品，别出现拖延与质量问题……

所以，我们要做岗位基础训练，这个训练就是找底线。每个岗位、每个部门、每个项目，都有底线。底线找对了，再要求每个人检查好自己的底线，做到了底线，再去创新，再去完善，再去锦上添花，否则就立即叫停。

我们强调底线，不是要降低工作标准，更不是不要超值的结果，而是针对员工中许多人不认认真真、踏踏实实地做基础、做前提而言的。许多人走还走不好，就总想着飞，我们还是回归到执行的基础上来最好，就像电视剧《士兵突击》中的许三多一样，先练好踢正步，正步踢好了，才能成为装甲步兵，最后成为兵王。

做好最基本的结果，做好底线结果，不仅是为得到一个好结果，而且更重要的是不出大错。不出大错，总比大起大落更重要，守住底线，不出大错，才是做公司的常态。

3.做结果的几个好方法：承诺法、分解法、重点法

（1）承诺法

什么是承诺法呢？就是当你发出一个指令或要求的时候，要求对方重复一遍，承诺一下，以此来强化对方的责任意识，增加对方执行的成功概率。比如，你是销售经理，安排下属参加行业展销会，你们的对话应当是：

销售经理：小刘，这次去开会的结果定义应当是什么？

小刘：取回会议资料，了解市场情况。

销售经理：不对，这次去开会，有三个结果。一是收集资料，回来整理一份市场调研报告，主要对照我们的产品，做个竞争分析；二是洽谈合作，我们要寻找更合适的供应商，你这次至少要找到三家以上新供应商，并签订合作意向；三是宣传我们的产品，这次我们虽然没有设立展台，但是不等于我们不做销售，我要求的结果是在参会的潜在客户中，找到高意向客户，与他们洽谈，并列出高意向客户的名单。请你重复一遍……

小刘：经理，您要的是三个结果，一份市场竞争报告，三个新供应商意向合同，一份高意向客户名单。我保证完成好。

销售经理：请你做一个承诺。

小刘：我如果完不成，少一项扣 500 元，下次不再派我去参加展销会了。

销售经理：好，如果你签到了正式订单，我在现有奖励政策的基础上，每 100 万元合同，加特别销售奖 1000 元。

小刘：一言为定？

销售经理：一言为定。

这就是承诺法，人们只会为自己的承诺负责，不会为别人的承诺负责，执行不好，

大多仅限于安排、布置了工作，而没有承诺的反馈与量化。

以往我们的承诺大多是拍胸脯式的保证，领导，放心吧，这事包在我的身上。然后大家好像都明确了彼此需要什么，最后的结果却不是那么回事。这种含糊式的、江湖式的承诺，有的管用，有的就不管用，完全取决于执行人的自觉性，而不是取决于执行之前量化的约定。这个约定对指令发出人是一个要求，要求他必须清楚自己想要什么，或者与下属讨论清楚想要什么。没有清晰的指令，没有明确的结果定义，执行就没有起点。执行人重复一遍结果定义，是对自己的一个暗示，是与指令人之间建立了一份契约，这份契约将锁定他的结果，纠正他的执行方向，是结果的保证体系。

（2）分解法

我们经常会遇到这样的情况，领导下达了一个指令，可是我们却认为完成起来很困难。一是这个结果太大，时间太长，无法预料什么时间完成，也无法预知最后的结果；二是牵扯的人过多，牵扯的部门过多，自己指挥不了，也控制不了；三是不确定的客观因素太多，自己预见不了。比如说，一个大订单的获得，一个研发计划的完成，一个工程项目的竣工，都是一个一个的大结果。许多情况下，面对这些大结果，我们经常听到"这个结果无法承诺，先做起来再说吧"。大多数情况下，最后的结果是遥遥无期，你催急了，出来的结果质量就很差。

怎么办呢？最好的方法就是用"分解法"。

举个例子，公司做年度计划一般做得都不好，不是质量差，就是拖的时间长。我们要制订一个全年计划，这是一个大结果，不仅需要领导在过程中的决策，也需要其他部门的配合。如果你是战略发展部经理，总经理交代了这个任务，你怎么做最快，最好？

表面上看，这个结果的完成取决于别人是否配合，就是各部门给你提供他们部门的全年计划指标。比如，销售部提供全年销售指标，生产部提供全年的产值指标、质量指标、安全指标，技术部提供技术改进指标、技术成果指标。但是，实际上取决于你是否会分解结果，以便于你自己的执行和别人的配合。

正确的做法是，把全年经营计划按照各部门分解，列出一个《指标与措施清单》，清单上列出部门的各项指标，指标后面要求有各项保证措施，然后明确制定目标与措施的部门负责人，明确提交的时间。

有些指标的提出需要其他部门的支持与承诺，那么，不同部门需要讨论的可以提出申请，由战略发展部牵头开会讨论确定，重大问题请示总经理决策，部门讨论通过后汇总成总计划，由你再提交高层领导审定。

这样，当我们将一个大结果分解为过程结果的时候，我们的思路才会明晰。你的思路清晰了，配合你的人就知道如何支持你的工作，为你提供帮助。同时，检查你的人也知道你的工作节点，会检查督促你去完成。所以，面对一个大的结果，最好的方法就是使用分解法，把大的结果分解成小的结果，将最终结果分解成过程的结果，然后一个一个地去执行，大结果就会很好地得到完成。

（3）重点法

每个人每天都面临着许多要做的结果，有些结果看上去都很重要，好像都需要你在同一时间完成。其实，这是你的错觉，也是你不会做重点结果导致的恶性循环。学会做重点结果，是一个人的战略思维的体现。我们可以将每天的事情分成四类：一类是紧急的事情，一类是重要的事情，一类是重要而紧急的事情，一类是重要而不紧急的事情。我们应当做哪类事情呢？

如果你是总经理或中高管，你唯一要做的是重要而不紧急的事情，这是你的重点结果。什么是重要的事情呢？做战略决策、做文化驱动、做机制建立、做团队进化，就是总经理和高管的重点。除此之外，就是为团队做示范，训练你的团队，把团队的成长放在首位，复制出无数个你，才是你最重要的结果。

作为一名公司高管，你之所以经常很忙、很累，是因为你没有一支执行你的战略的优秀团队。是每天去亲自干，还是训练好一支执行团队帮你干？这是截然不同的两种领导思维，也必将决定着两种不同的企业命运。

有一位老总，也是一位技术专家，他过去的领导方式就是自己亲自做科研，搞产品研发，把自己定义为超级技术专家，而不是总裁。其他工作，比如洽谈合同、现场安装、人员招聘、售后服务等，要么自己亲自去做，结果做不好，要么就放手不管，结果一片混乱，搞得自己身心很疲惫，公司也发展不起来。后来，这位老总突然意识到自己的做法是错误的，下决心改变。

如何改变的呢？在他的办公桌上有一个画图板，是做设计用的，放了几十年了，他做的第一件事，就是把它撤了下来，换上了一台笔记本电脑。从此，他开始指导团队做技术开发，指挥团队做产品销售，检查团队做质量控制，监督团队做售后服务，思维方式与工作方式都发生了巨大的变化。结果第二个月公司史无前例地做了200万元的单子，虽然也很累，但是他发现累的方式大不相同了。以前是亲自做，难在自己累死也做不过来；现在是指挥团队做，难在需要不停地训练与决策，但是，把重点放到训练团队与做决策上，这个重点是抓准了。

所以，做结果，就要做重点，因为重点结果做好了，公司紧急的事情就会减少了，紧急的事情减少了，总裁和公司的高管们就有大量的时间去研究公司的战略，研究客户的需求，然后为团队提供文化动力和合作机制，以保证团队执行好公司的战略与计划，公司才可以实现持续发展，这才是我们重点法想要的结果。

三、永远保持一颗敬畏之心

任何一个优秀的领袖，他必须具备的是什么？敬畏和担当。一个企业，如果不敬畏，就会做出违背价值观的事情。那么一个普通人也是一样，如果都不知道敬畏，那这个人可能会犯法，可能会干出非常大逆不道的事情。一个人的人品也好，能力也好，最终都不能超越这种敬畏的思维。我们生活在这个世界中，第一，必须要遵循天道，敬畏天道，顺其自然，顺势而为，不能违背天道。第二，我们必须要孝顺，敬畏父母，敬畏家人，孝顺是人类的思想道德基础。作为企业，必须敬畏客户，客户第一。那作为在公司平台上的员工来讲，我们要敬畏公司，敬畏领导，敬畏团队，敬畏制度。在敬畏这个点上，我们讲一个企业在创业的时候可能取决于用对了什么人。而在企业的发展成熟期，或者说企业创业成功以后，怕用错什么人呢？怕用错这种没有敬畏之心的人，这种人可能给公司造成的破坏力会非常的强大。因为他不敬畏公司，也不敬畏客户，甚至不敬畏天道，这种人会给公司带来无穷的危害。公司在选择干部的时候，一定要选择有敬畏之心的人。

·敬畏生命

生命是最宝贵的，这似乎是一个无须多言的基本道理。但是生活中总会涌现很多令人不解的事情，似乎说明，对当下某些人而言，生命并不是最宝贵的。

1.敬畏生命：对自己的生命负责

人的生命成长是十分缓慢的，整个过程要付出巨大投入，中间某个环节投入不足，都会带来不良后果，影响心理健康。可以说，人的生命既是坚韧的又是娇贵的。人到了18岁才算是真正成人，才具有完全的行为责任。在18年的岁月里，人的成长速度非常缓慢，像一棵树的成长一样，一点点慢慢长大。其中有两个成长的关键期，一是3岁前后，这个时期，如果教养不良，会造成终身阴影；另一个是青春期，十三四岁的时候，会出现明显的叛逆，把握不当，也会出现问题。人到了18岁以后，并没有完全成熟，心智上仍会存在很多欠缺，大脑到了26岁左右，才真正完全长成。

在人的成长过程中，社会、学校、父母投入了大量精力、物力，最大的投入者是父母。所以，人是一切社会关系的总和，每个人的生命并不完全属于自我。每个人对自己的生命负责，就要对自己的生命安全负责。

敬畏生命的意识是需要培养的，尤其是在青春期及前后的阶段，这种意识应由家庭和学校共同植入孩子们的观念深处。对自己生命负责的意识，一旦建立会对终身产生影响。

敬畏自己的生命、敬畏别人的生命、敬畏一切生命，这是基本的人文素养。

2.敬畏生命：必须尊重他人生命

中国古老而朴素的观念中，其中包含着对他人生命的尊重，也包含着敬畏生命的意识。无论是中国还是外国的法律，都对剥夺他人生命处以最重的惩罚。在对待生命问题上，无论贵贱、贫富、长幼，所有生命都需要尊重和保护，这是人类社会的重要底线。

一个社会的成员对他人生命的尊重程度，反映了社会的文明水平。一个人们因一点小事就拳脚相向、恶语相加的社会，只能说文明进化程度还停留在较低水平。

轻视别人的生命，就是轻视自己的生命，最终可能会饮下自酿的苦酒。对生命的轻视，只能表明生命的进化和文明的教化还十分欠缺。

3.敬畏生命：意味着重视生命质量

重视生命的质量是敬畏生命的表现，生命质量与生活质量的区别在于，生命质量强调生命的意义，侧重对生命价值的追求，立足于精神层面的优劣；生活质量则侧重于生存，就是活着的状态，立足于物质层面的优劣。

重视生命质量，必须关注心理健康。过去的中国人为了温饱而奔波，现在温饱满足之后，更多的需要又产生了。在奔忙劳碌中，人们的抗压能力较强，心理承受力也强，现在生活优越了，很多人的心理健康却出现了问题。当下的社会，焦虑、抑郁、人格问题、持有不合理观念的人很多，人们的心理健康水平较低。这在顺利平稳的环境中，不会出现问题，一旦遇到人生巨大挫折，心理不健康的人的抗挫折能力和心理复原力的不足，就会引发心理疾病，甚至造成长期的负面影响。

现代心理学大师弗洛伊德有一个著名的冰山理论，指人们能觉知到的心理状态，就是主意识部分，只是冰山露出水面的一角，而不能觉知到的潜意识部分，则是位于水面之下的冰山主体部分。意识与潜意识是相互联通的，意识受到潜意识的支配影响。这个理论用到心理健康也是同样有道理，人们的心理不健康表现的心理疾病，如同露出水面的冰山一角，而沉入水面的大部分，特别难以察觉，都是长时期不合理思维形成的。心理问题正如冬天的三尺厚的冰层一样，冰冻三尺绝非一日之寒，心理上出现问题，都是长期积累的结果。所以，重视生命质量，就必须关注心理健康，保持一种积极的心态。

积极心理学主要研究人的幸福和积极情绪。所谓积极情绪主要是指喜悦、满足、宁静、欣喜、敬佩、自豪等，负性情绪则是指愤怒、嫉妒、悲哀、焦虑、抑郁、烦躁等。知名的积极心理学家芭芭拉·弗雷德里克森研究表明，一个人每天中的积极情绪与负性情绪的比例如果达到6比1，这个人的心理扩展能力就获得大幅提升，整个人的精神面貌会发生很大变化，心理健康水平达到一定高度，能抵御重大挫折。

重视生命质量，就要关注心理健康，经常消除不良情绪，纠正不合理观念，努力提高积极情绪的比例，这才是对生命负责的态度，是敬畏生命的表现。

重视生命质量，必须满足人的高层次需要。美国心理学家马斯洛是人本主义心理学的主要奠基人，他的需求层次理论，清晰准确地把握了人类的基本需要和动机。人的基本需要分为五个层次，即生存需要、安全需要、归属和爱的需要、尊重需要、自我实现需要。这些需要虽交融在一起，作为一个整体，并不能清晰地分割，但仍具有层次性。一般是低级层次的需要满足后，就会产生高层次的需要。生存需要在所有需要中居于基础地位，生存需要得不到满足，其余的需要都无从谈起。目前中国人已实现了温饱，生存需要得到满足，更多地向关注高层次的需要，尤其是自我实现的需要的满足。

对生命负责，就要追求自我成长，努力发掘个人潜能，为社会创造更大价值，真正达到自我实现的层次，这是敬畏生命的高层次表现。

4.敬畏生命：应该敬畏一切生命

万物皆有生命，敬畏生命，还要尊重一切生命。著名人道主义者、西方思想家史怀泽提出了生命伦理学，他把伦理的范围扩展到一切动物和植物，认为不仅对人的生命，而且对一切生物和动物的生命，都必须保持敬畏的态度。为什么要敬畏一切生命？史怀泽认为，生命之间存在普遍的联系，人的存在不是孤立的，它有赖于其他生命和整个世界的和谐。人类应该意识到，任何生命都有价值，人类和它不可分割。他认为，对一切生命负责的根本理由是对自己负责，如果没有对所有生命的尊重，人对自己的尊重也是没有保障的。

·敬畏自然

人要实现与自然的和谐，就必须敬畏一切生命，敬畏大自然，敬畏我们的环境。

人类是自然界的重要成员，如果把人类与大自然对立起来，把人类的目标定义为要做大自然的王者，那是一种自杀式的思维，只能带来人类的毁灭。人虽然是万物灵长，是自然界很优秀的物种，拥有其他物种没有的能力，但是人类不能凌驾于自然之上，仍需尊重自然。尽管人类能够适当改造自然、适应自然，但这是以认识自然、敬畏自然为前提的。人类要获得幸福、和谐、可持续发展，必须敬畏自然，与大自然建立和谐相处的关系。

1.敬畏自然可以让我们拥有智慧

世界万物是相通的，内在原理和规律都有共通的部分。中国先哲老子提出了道家学说，阐述的很多哲理，都是从大自然中感悟而来的。尤其是关于上善若水的论述，充满了智慧。"上善若水，水善利万物而不争，处众人之所恶，故几于道。"人们如果能深刻领悟了解水的特性，并真正能做到上善若水，人生就达到了最高境界。如果我们注意观察自然、了解自然，会让我们充满创新灵感。

原型启发是一个心理学概念，指根据事物的本质特征而产生新的设想和创意。原型启发是一种创新思维方法，生活中我们接触到最原始、最广泛的事物来自大自然，受自然事物的原型的启发，创新发明了很多成果。中国伟大的木匠鲁班，上山被小草划破了手，受到启发而发明了锯子。人类受飞鸟、蝙蝠的启发，发明了飞机。

我们对大自然心怀一种敬畏，观察自然，欣赏自然，在大自然中获得灵感，会提升自我的智慧。

我们认真研究自然界的种种现象，把握认识自然规律，会提高把握大局、认清大势的能力。按自然规律办事，发现探索大自然中的各种规律，是提升智慧的重要途径。

敬畏自然，就要学会合理利用自然，而不是破坏自然，善待环境，而不是污染环境，努力建构人与自然的和谐关系，这才是人类的大智慧。

2.敬畏自然可以让我们避免灾祸

人们如何才能做到敬畏自然？

要尊重自然、保护自然。人类从大自然中走出，人类有认识大自然的能力，人类更须尊重大自然。大自然作为一个整体，各个组成部分之间都有它的内在联系，构成了完整的生存链。破坏了哪一个环节，都会带来连锁反应。人类要尊重大自然，保护大自然。与大自然中的其他物种和平相处，保护动物，爱护植物。人类尊重自然、保护自然，是人类与自然和谐相处的前提。《狼图腾》一书，讲述了草原环境的恶化，使得狼群快速消失，大草原的生态链遭到破坏，结果草原鼠害横行，草原沙漠化速度加快。

要认识自然、感悟自然。大自然是神奇的，奥妙无穷，人类在大自然面前要保持一颗谦卑的心，深刻认识大自然，发现大自然的神奇之处。要从大自然的运行之中，感悟自然的内在规律，体味大自然的神奇。一个人要获得灵性的生活，唤醒内心的敬畏意识，就要深刻认识自然、感悟自然的神奇。

要深入自然、欣赏自然。走出城市的水泥森林，到大自然去，深情拥抱大自然的山山水水、草草木木，是人类重要的放松方式，也是大自然为人类提供的福利。融入自然，抱着一种欣赏和崇敬的心态，发现大自然的雄浑、壮美、秀丽、神秘，让身心与大自然融为一体，那是人类获得精神愉悦的重要方面。

四、企业人要有担当精神

任何一个领袖或者干部必须具备的是敬畏和担当思维，一个人没有担当是不可能立足于社会的。只有承担才能成长，那么承担什么呢？就是承担责任。人要主动承担责任，承担压力。压力就是动力，如果你不承担压力，意味着你就没有办法成长。承担委屈。在工作的过程中，难免会有领导误解你，客户委屈你，在所难免，所以承担委屈也是一种承担。怎么说？承担才能成长，成长才能成就一个人，如果不承担责任，不承担压力，人是不可能有成长，人没成长，怎么可能有成就呢？

通常有三个方面来衡量这个人是不是有担当：

第一，习惯于说这个事我来做。很多事情可能责任没有那么明确，开会的时候说一句，这个事情看谁来做一下。那个举手的人说："领导，这个事情我来做。"这个人就是有担当的人。

第二，当出了问题时，勇于站出来。现在有一个事情出了问题，那这个时候团队里面有没有人站出来说"领导，这个事情我来搞定"？能站出来的人就是有担当的人。

第三，出了事情谁来负责。比如一个团队，有时候确实这个事情没做好，那么现在其中有没有人来说"这个事情我来负责"，比如说需要交罚款，需要承担什么责任，愿意主动承担责任。通常有担当的人会挂着这三句话："这个事情我来做。""这个事我搞定。""出了事我来负责。"这种人走到哪里他可能都是干部，都是核心。当然有了担当，必须具备敬畏思维，若担当能力过强，没有敬畏思维，就可能比较危险。

- **不辱使命敢于担当**

1.敢于担当是一种使命

当今社会，机遇与挑战并存、发展与矛盾随行。人们在工作、创业中面临许多新情况、新问题。总有一些人习惯遇见困难绕道走，碰到风险缩着头，出了问题躲后头，他们做人做事的观点是：重活累活躲着干，出力不讨好的事少干，得罪人的事坚决不干。

凡此种种，都与担当精神格格不入。

什么是担当？简单地说，就是接受并负起自己的责任，是人们在职责和角色需要的时候，毫不犹豫、责无旁贷地挺身而出，全力履行自己的义务，并在承担义务当中激发自己的全部能量。它既是一种精神，也是一种行为；既是一种勇气，更是一种使命。

古人说："天地生人，有一人当有一人之业；人生在世，生一日当尽一日之勤。"

在这个世界上，每个人都有每个人的担当。对于工作而言，担当是职责所系、使命所在。从你走上岗位的那一天起，你就肩负着企业兴衰成败的责任，这一责任是不可推卸的，只要你上一天班，就当尽一天的责，这是工作赋予的使命。

凡事业成功者的足迹证明，有能力的人，敢于担当的人，他们都能看清自己面对的时空与环境，都能牢记自己的重任与使命，保持旺盛的斗志与激情，从而在自己的工作岗位上创造出非凡的成绩来。

具有担当精神，能够忠诚履责、尽心尽责、勇于担责，是成为一名优秀的员工、成就一番伟大事业的前提。每个员工都应该明白，你的职责就是你的使命。在获得回报之前，你必须承担起相应的工作责任，将责任感和使命感融入工作中，担当起促进公司发展的使命，把岗位当作创业的舞台，把职务看成服务发展的责任，对于应该做的事，顶着压力、迎着风险也要干好，自觉做到敢担当，能担当，甘担当，善担当，精担当。

当你视工作为生命中必须完成的重要使命时，你就更容易认同你所从事的职业，并且长久地保持工作的热情，也能更出色地完成任务，才有可能被企业和社会赋予更多的使命，才有资格获得更高的荣誉。

2.担当意味着付出

蚂蚁在大自然中算是一个微小的个体，但其种群的繁盛，在昆虫界恐怕是数一数二的。几乎没有任何抵抗力的蚂蚁凭借什么力量如此的繁盛呢？其中有一定的内在规律可循。英国科学家的一个实验或许能够给我们一点启发。

英国科学家把一盘点燃的蚊香放进一个蚁巢里。在火光与烟雾的刺激下，蚂蚁们惊恐地乱作一团，但片刻之后，蚁群开始变得镇定起来了。这时，有蚂蚁向火光冲去，并向燃烧的蚊香喷出蚁酸，这些蚂蚁很快就被烧死了。接着，越来越多的蚂蚁踏着死去蚂蚁的尸身冲向了火光。不一会儿，蚊香的火被蚂蚁扑灭了。存活下来的蚂蚁们立即将被火烧死的同伴的尸体转运到附近的空地摆放好，然后盖上一层薄土，以示安葬和哀悼。

面临灭顶之灾时，弱小的蚂蚁所创造出的奇迹是令人惊叹不已的。蚂蚁成功灭火，向我们阐释了这样一个深刻的道理：只有把个体的命运和群体的命运融为一体，高度地统一起来，才能使个体利益和群体利益同时得到最大的保护，而这个过程需要有人主动付出，甚至是牺牲。

试想一下，蚂蚁这样一个弱小的物种是毫无能力面对火灾的，甚至是一个数量很大的蚂蚁群体应对这样的灾难，其结果也只能是全军覆没。可蚂蚁们依据自己的规则和方式，组成一个战斗力极强的群体，每只蚂蚁都明白自己的职责，都愿意为集体做出牺牲，以应对生存过程中的一切灾难。这正是蚂蚁这个弱小的物种之所以能在时时存在着各种天灾人祸的环境中得以存在和繁衍的关键。

事实上，人类社会和"蚂蚁社会"没有多大差别。人人都在为了自己的生存奔波，正如蚂蚁面对火灾的逃生。为了生活，我们找工作，然后日复一日地上班、下班，通过自己的劳动付出换取利益回报。就一般人的心理而言，但凡付出了，就一定期望有所回报，而且付出越多，回报的期望值也就越高。这是人类的一种心理平衡，无可非议。

倘若人人都能尽心敬业工作，企业也能平稳发展，自然是皆大欢喜。但是，每个人的工作态度不一样，企业发展也会面临各种错综复杂的环境，举步维艰，这就需要员工担当更多的责任。从员工的角度而言，当你担当起更多的责任，付出更多的努力，不仅有利于企业，更有利于自己的发展。虽然不能绝对地讲"一分耕耘一分收获"，但是有付出总比没付出好，况且付出也是自己的工作职责所在。员工的发展和一切利益的回报，都要依托于企业，企业这个平台不存在了，员工又如何得到回报呢？

担当是一种牺牲，是牺牲就意味着付出。公司乐于把一项工作交给某个员工，这本身就是一种信任，员工应该为自己承担的责任而感到荣幸。如果员工总是在回报与付出之间纠结着，无形中就会消磨工作的激情，又怎么能很好地履行自己的职责呢？

回报的形式是多样的，比如，在家里，我们承担应尽的责任，抚育孩子，照顾父母。对孩子来说，我们是付出，然而对父母来说，却是一种收获，是他们多年辛苦抚育我们的收获。因此，我们的工作付出不一定完全以物质形式返还，我们要正确对待工作中的付出与回报。

工作不仅仅承载着我们的生活所需，而且还是自我价值和社会价值实现的渠道。自我价值和社会价值的实现就体现在工作所承担的责任和所尽的义务中，要做一个对公司、对他人有用的人，就需要主动承担更多的责任，付出更多的汗水。

3.担当来自激流勇进的信心

职场上有这样一种现象：有些人一方面渴望自己能够做出突出成绩，以期得到企业和领导的认可，获得上进和发展的机会；另一方面，当真的给他机会，让他挑重一点儿的担子的时候,他又极力推托:"不行,我可不行!这个任务太重,我的能力和水平低,完不成这么重要的任务。"

为什么这些人愿意得到好处又不愿意付出呢?其实道理很简单,这些人对自己没信心,怕担当责任,怕做不好工作。面对复杂难办的工作,他们一旦说"我能行",就意味着必须承担责任,而说"我不行"呢,则可以把自己该担当的责任全推给别人。在这些人看来,做的事越多,越容易出错,出了错可能连目前的位置都保不住,与其冒险做事,不如安稳度日。

要知道没有一个人生来就是成功者,成功者之所以取得超乎一般的成就,就在于他具有常人所缺少的对国家、对民族、对事业的高度责任感。有时,这种担当源自激流勇进的信心。青年毛泽东曾经写下这样的话:"河出潼关,因有太华抵抗而水力益增其奔猛;风回三峡,因有巫山为隔而风力益增其怒号。"面对工作,要想取得成功,我们就应该有因为有阻力所以更有动力的激流勇进、奋力争先的意志和信心。

假如有信心、有勇气负起工作中的责任,相信自己一定能行,有朝一日你就能向世界宣布"我是最好的",而一句"我不行",责任没了,自信没了,当然,人生目标也就没了,你的人生价值就好比一张纸一样,轻飘飘、软塌塌,显得毫无意义。你一旦改变了态度,有了担当,明白了肩上的责任,你就不会再说"我不行",在接下来的工作中,无论遇到多大的困难,都无法阻止你前进的步伐。

工作中的困难就是一种"危险",这种"危险"随处可见,如果你惧怕它,担心自己战胜不了而不敢面对,你就会退缩,从而放弃自己的责任,同时也就放弃了成功。其实,我们每个人都有潜在的能量,而且这种能量潜力是巨大的,如果你有了勇气,有了信心,敢于向困难挑战,困难就不再是什么难题。

多一点自信,就多一些担当。当你有勇气承担起更多的责任时,就能解决更多的问题,体现自己的价值。因此,任何人都不要以工作困难为借口躲避,要对工作充满信心,担起责任,接受挑战,试着挖掘自己的潜能,把解决工作中的困难和问题当成最好的机会。全力以赴地向问题发起挑战,再难的问题也能解决,甚至当初的"绊脚石"也能变为"垫脚石"。

相信自己,敢于迎战,勇于挑战。

4.担当需要树立紧迫感和责任感

美国新闻工作者托马斯·弗里德曼在《世界是平的》一书中讲述了这样一件事:在非洲,瞪羚每天早上醒来时,总会提醒自己今天必须跑得比最快的狮子还快,否则就会被吃掉。狮子每天早上醒来时，同样也会提醒自己今天必须超过跑得最慢的瞪羚，否则就会被饿死。

作为职场一员，你无论从事何种岗位，处境无外乎瞪羚或狮子两种。大多数人只是普通的职员，在这个竞争激烈的社会，就算你是公司最基层的员工，如同瞪羚一般只是为了生存，但是在你的身后，还有大批没有工作或正在找工作的人虎视眈眈地盯着你的工作岗位；你目前也可能是职场上的强者，如同狮子般强大，拿着高薪，有着看似美好的前途，但是你能保证永远这样无忧无虑吗？

没有谁的"饭碗"是完全稳当的，当太阳升起时，一切都有可能，你最好的选择就是树立紧迫感、责任感和使命感，促使自己不停地"奔跑"起来，挑战自己的能力极限，以责任激发热情，以热情赢得掌声，努力使自己时刻保持领先。保持这种工作状态，既是个人生存和发展的需求，也是对公司应尽的责任。

缺乏紧迫感，对工作就谈不上负责。总想着上班迟到几分钟无所谓，下班早走几分钟没关系，工作往后拖几天很正常……以这种态度对待工作，又有谁愿意将工作交给你？即使将工作任务交给了你，你又能担当得起吗？

一个人对时间和对责任的态度，决定了他对待工作是尽心尽责还是浑浑噩噩，而这又决定了他能否担当大任。如果你在工作中，对待每一件事都充满着紧迫感和责任感，即使工作中有诸多无法克服的困难，你也能将"不可能"变为"可能"。

大部分人的工作都是平凡的，只要你的能力不是很差，基本上都能胜任，有些人的能力相对于自己的工作岗位来说甚至是绰绰有余。然而，卓越的员工只有少数，而且这些少数人中间并不完全是能力很强的员工。绝大多数时候，有担当的人比能力强的人更为出色。因为，有担当的人有紧迫感和责任感，这些因素能让个人能力倍增。

例如，《致加西亚的信》一书中的送信人——美国陆军中尉罗文，并没有什么过人的才能和雄壮的体魄，但他缔造了一个关于送信的传奇故事，成就了一种流传百年的管理理念和工作方法。究其原因，他受命于危难之际，荣誉和生命系于一发的紧迫感和责任意识，是其不灭的灵魂。

翻开历史，纵览那些事业成功的人物，具有敢于担当的品质，保持高度的紧迫感和责任感则是贯穿其中的一条主线。紧迫感和责任感不仅是一种可贵的职业精神，更是成就卓越事业的原动力。它能够让人消除胆怯、克服困难，战胜一切艰难险阻，拥抱辉煌的成功。

那么，我们应该如何在工作中树立紧迫感和责任感呢？

首先，要树立明确的目标。确立目标既是人生成功的需要，也是激发人的潜力的需要。人生一定要有目标，有了目标，你就会想方设法为达到目标而努力。你在心中有了目标，你的潜意识就会调动你所有的能量，为实现目标而努力。在制定目标时要注意，目标一定要切合自己的实际，不要好高骛远。否则，一旦目标实现不了，你就会因此而产生挫败感，从而打击你的自信，使你丧失信心。

其次，做事要有计划，讲方法、有效率。做好计划，按计划行事，按时完成给自己定的任务，做事不要拖拖拉拉的。

再次，认真对待每一件小事。凡是自己认为应该做的事情，不论大小，都要认真对待，把它处理好，让自己满意。

最后，对于所遇到的困难不要轻易说放弃，没有什么过不去的坎，相信经过自己的努力一切困难都会迎刃而解的。

总之，在工作面前人人都是平等的，工作不会由于你的职位渺小而变得无关紧要，接受一份工作就承担着一份使命，人人都需要有紧迫感和责任感，这些是迈向成功的"通行证"，比能力更重要。

5.担当需要拥有老板心态

在职场上，有很多人每天做梦都想当老板，想拥有自己的公司，管理众多的员工，也有一些人会被老板提拔为公司的管理人员，拥有一定的权力。然而，他们拥有了一定的管理权力后，却又不知道如何与下属沟通，如何保障公司的利益，觉得工作越来越难做，压力越来越大，甚至会产生逃避的念头。

好工作，无压力，高薪水，世上哪有那么好的事情等着你。其实，做老板很难。一个公司谁担当的责任最大？谁的付出最多？当然是老板。可以说，老板时时刻刻都在为公司的利益着想，为公司的发展殚精竭虑，他们在工作上从来都很主动，而且对自己的行为完全负责，主动承担责任，迎接挑战，完成既定任务。员工不妨换位思考一下，假设你是公司的老板，那么你会怎样对待工作？毫无疑问，你会抛开所有借口，投入自己全部的热忱和责任。这就是老板心态。拥有老板心态的员工就是要敢想、敢做、敢担当，愿意积极主动地为企业想一些事，做一些事。在员工主动为公司想事、做事的过程中，他们的工作能力、决策能力、经营管理能力、思考问题的能力都会得到很好的锻炼。他们会一路升迁，成为公司的管理者，或者出去自主创业。相反，如果员工总是抱着为别人工作的心态去工作，要靠别人的督促指派才肯努力工作，那一辈子也只能做一个安分守己的打工者了。

如果你是老板，一定会希望员工能和自己一样，担起公司发展的大任，把公司繁荣当成自己的事业，更加努力，更加忠诚，更积极主动地工作，即使老板安排你做一项难度很大的工作，你也会全力以赴。

如果你是老板，一定会凡事讲究成本。做事之前会对各项成本进行估算，清楚怎样做才能更省钱，怎样做才有更大的盈利空间，时刻以公司利益为重。

如果你是老板，一定会坚持效率至上，凡事不拖沓，讲求实效，雷厉风行，重视信誉。

如果你是老板，一定会抱着完美主义的心态做事，务求尽善尽美……

以老板的心态对待公司，为公司付出，为公司节省花费，公司也会按照比例给你报酬，这种奖励可能不会很快地兑现，但它一定会来的，只不过它或许会以不同的方式出现。当你养成习惯，将公司的资产当成自己的资产一样爱护时，你的老板和同事都会看在眼里。

所以，你在做事之前，先假设自己就是老板，试想一下你自己是那种你喜欢雇用的员工吗？当你正思考着一项困难的决策，或者正想着如何避免一份讨厌的差事时，反问自己：如果这是我的公司，我会如何处理？当你在工作中处处以老板的标准要求自己，你会慢慢拥有相当强的领导和管理才能，而真正的老板可能已经考虑着手安排你到更重要的位置了。

有一条永远不变的真理：当你像老板一样思考时，你才能成为一名老板。一个将公司视为己有并尽职尽责完成工作的员工，才能担起更多更大的责任，最终将会拥有自己的事业。

因此，如果现在你还是公司里一个名不见经传的小职员，或是一名工作了很久却依然毫无起色的老职员，那么，一定不要局限于眼前的一切，不要感叹自己的处境，而要在工作中培养自己"做公司主人"的心态，担起自己应有的责任，这是一个从平凡到卓越的修炼过程。

6. 担当追求的是不辱使命的工作结果

在看宫廷剧时，所有的大臣在接受皇帝指派的任务时，都会说"臣遵旨。臣肝脑涂地必不辱使命"。不辱使命地完成任务，是一个下属的职责所在，使命使然。

中国历史上，有很多名臣，为不辱使命，受尽苦难，甚至肝脑涂地，因此而留下美名。《战国策·魏策》中就记载着一段"唐雎不辱使命"的故事。

使命是神圣的，虽然当今社会我们已经不需要立什么"生死状"，但是，一旦我们接受了任务，心中就应该自觉地绷起一根弦，竭尽全力地完成任务，这样才能不辱使命，不负他人的重托。

然而，在现实工作中，我们常常看到这样一种现象：老板交给一个员工一项任务，过了不久，这个员工就去敲老板办公室的门，征求老板的意见，甚至告诉老板这个问题他解决不了。要知道，"我做不到……"，此话一出，老板就会严重怀疑自己的用人选择。你做不到，那用你干什么？

这样的员工接受任务后，在问题面前不是想方设法去解决，而是想方设法去逃避。在他们眼里，问题就是"地雷"，谁踩到了谁就要倒霉。因此，当问题出现时，他们就唯恐避之不及，总是找借口推托。而更"聪明"的员工就会直接推到老板身上，他们认为只有转交给老板才是最稳妥的，这样既能解决问题又能推卸责任，即使事后问题没有解决，老板也不会责怪自己。如果老板想到了解决问题的方法，自己再去按照老板的方法做，那就更为稳妥了。

没有老板会喜欢这样的员工。况且，老板也不是你的"救世主"，更不是你的保姆，他和员工的关系其实非常简单，一个出劳动力，一个出资本，双方资源整合，齐心协力，共同为公司的发展而努力。所以，接到工作任务后，追求的是解决问题的工作结果，而不是推托问题，甚至制造问题。要是没有这种担当，等待你的将是被老板解雇。

工作是自己的，工作的结果是衡量一个人工作能力的主要标准，接到任务后要努力去完成，即使你不可能完成所有使命，也不能赤裸裸地说"我不行"，你可以寻找替代方案或者想办法改变老板的预期，给老板一个满意的结果，这样的员工才是老板最喜欢的员工。

工作对每个人而言就是一种挑战，一种考验。你担当的越多，这种挑战就越大，你取得的成果和获得的机会就会越多。当你有了担当时，你的工作能力就会得到最大限度的提升，从而保证工作的绩效，不辱使命。

因此，当我们接受某一项工作时，首先在内心深处要相信自己能够出色地完成这项任务，有了这种心理，我们就会在工作过程中尝试自己去解决问题，只有当问题解决了，工作才能迎来新的契机，我们才会得到老板的青睐。

工作中的困难是不可避免的，既然是以完成工作任务为目的，我们在工作中遇到解决不了的问题时，就不要为自己找借口，而是要将每一个问题、困难当成一次锻炼的机会。当我们想方设法去解决问题和困难时，不仅可以凸显自己的能力，还能在此过程中锻炼自己，学到更多东西，让自己更加详细地了解工作的各个细节，锻炼自己娴熟的技能，更加出色地保障任务的完成。

任何工作都是追求完美的结果，担当保证结果，结果显示担当，二者相辅相成。我们只有将担当融入灵魂深处，化为一种信念、一种使命、一种责任、一种动力、一种激情，充分发挥自己的潜能，才能在平凡的工作岗位上创造出非凡的成绩来，不负领导信任，不辱工作使命。

· 严格要求，在其位谋其事

1.应付工作就是糊弄自己

在职场中，有一种很普遍的现象：每天走进办公室，很多人想的不是如何更好地完成工作；而是处心积虑地去糊弄工作，能少干一分，绝不多干一分。"凭什么要我做这做那，一个月才给我这么一点钱！""这不是我分内的事，给加工资才做！""差不多就行了，干得再好也不会给我加薪！"太多的抱怨，都成为糊弄工作的借口。在说这些话的人中，不乏一些有着丰富的知识、能力不错的员工，他们自以为很聪明，马马虎虎应付完每一天的工作，常常窃喜。殊不知，糊弄工作，就是在糊弄自己，因为自己这种不负责任的态度而埋没了自己的才华，经常郁郁不得志。

做好工作，这是身为员工的本分，只有对工作认真负责才是真正的聪明。你只有怀着高度的责任感，每天出色地完成工作，才有可能很快获得提升。反之，如果你不能严格要求自己，对公司的兴亡完全不放在心上，对工作只是敷衍了事，那么你也将成为公司首先考虑的辞退对象。

谁都不傻，老板不是那么容易糊弄的，他们是不会容忍那些只知拿薪水却对工作不负责任的员工的。这种不愿付出却又指望得到高回报的思想，永远不可能让你如愿以偿。在市场经济条件下，企业作为一个以利润为目标的经济组织，任何企业的人力资源战略都必须服从于一个基本的"投资回报"的原则，也就是说，企业在考虑支付职员报酬的时候，必然要权衡职员对企业的劳动付出以及他为企业所创造的价值。从这个意义上说，任何职员想要获得更高的报酬，都必须要为企业创造更大的价值和利润，毕竟天下没有免费的午餐。

当然，我们无须回避这样一个现实：目前国内大多数企业在人力资源的薪酬制度设计方面都存在不同程度的问题，甚至还有少数企业存有那种"既要马儿跑，又想马儿不吃草"的错误观念。但从某一角度来说，这可能是因为你的分量还不够，或者是你的价值还没有显现出来。一旦你的价值突显出来，你的位置不可取代时，领导还能亏待你不成？问题在于，你是否做到了这一步。如果你还没做到这一步，却又拿企业的缺陷作为怠工的借口，糊弄工作，你永远也得不到最大的回报。

这就是认真做事与糊弄工作之间的区别。实际上，不论在什么地方，那些糊弄工作的人，老板是不会给他们机会的，而且他们往往都是公司裁员的"热门人选"。对于一个企业来说，拥有优秀的员工，企业的发展才能蒸蒸日上。假如一个企业里有太多的糊弄工作的员工而不及时剔除的话，那么就会像一个烂苹果迅速让箱子里的其他苹果也腐烂掉一样，他们也会使企业慢慢腐蚀掉。

在其位，谋其事，应付工作，糊弄他人，不是一个有担当的员工的所作所为。如果企业在工资上糊弄你，你做何感想？既然进入企业，签下劳动合同，你就要严格按照劳动合同的规定，履行自己的义务，承担自己的工作责任。

我们都听说过这样一句耳熟能详的告诫："今天工作不努力，明天努力找工作。"其实我们也可以这样说："今天你糊弄工作，明天工作也会糊弄你！"糊弄工作，糊弄他人，只会让你的工作错漏百出，最终糊弄的还是自己。

工作是人们美好生活的保障，要想让自己的生活更加美好，你需要担起工作中的责任，保证信誉、保证服务、保证敬业，保证了这些，你才能保证不被公司裁员，保证生活的美好和未来的光明。

2.在其位，谋其职，尽其责

《论语·泰伯》："子曰：'不在其位，不谋其政。'"这句话本来的意思是，不担任这个职务，就不去过问这个职务范围内的事情。这句话的言外之意就是，在其位，谋其职，尽其责。

工作是上天赋予每个人的使命，是一个人赖以生存和发展的基本保障，它和所有有价值的事情一样，值得我们用一颗真诚的心去对待。当你担当了一个岗位时，就选择了一份责任，拥有了一份使命，就要承担职位赋予你的责任。严格要求自己，在自己的工作岗位上认真做好每一件事，就是对企业为你提供一份工作的最好回报。

如果你该干的事不干、该负的责不负，遇到困难绕道走、碰到矛盾踢皮球、面对歪风往后退，就是对工作的不忠，就是失职，就要错失机遇、贻误事业、影响企业发展，甚至你的失职可能会给企业带去无法估量的损失。

人们往往都是事故发生后才感到后怕，悔之当初不该大意，然而损失难以挽回，后悔于事无补。为什么总是后悔？为什么不能先前预见呢？很多事其实根本就不需要去预见，只要每个人做好自己的本职工作，事故就会减少到最低程度。

"在其位，谋其职，尽其责"，并不是一句空洞的口号，是需要每个人日复一日，年复一年地坚持在平凡的工作之中的，只有明确了自己的岗位职责才能把工作做好，避免各种事故的发生。

避免错误的发生，是我们做好工作最基本的要求，而要出色地完成工作任务，员工还应明确自己的工作职责，对每一份工作进行逻辑规划，分清轻重，哪些工作先做，哪些工作后做，以便提高工作效率，减少工作的盲目性。

我们的岗位在哪，我们的工作是干什么的，我们的岗位职责是什么，这是员工必须弄明白的，弄明白了职责所在，才能有条理地做事情。按照事先的规划，把每个月、每一周、每一天的工作都有条理地划分出主次来，然后依次地认真去做，就非常有效地提高了工作效率。

其实，在我们每个人的工作中，都存在一定的盲目性，主要表现在每天一到公司就会有很多着急的事情要做，所以就把着急的工作一项一项地去完成，但是到最后却发现主要的工作没有完成。如果计划第二天再去做，那么第二天可能还会出现很多着急的事情，主要工作就有可能一拖再拖。着急的工作不等于主要工作。所以，我们一定要明确岗位职责，只有明确了岗位职责，我们才能减少工作的盲目性，更好地安排工作，先做主要工作，再做着急工作。减少了工作的盲目性就自然地提高了工作效率，提高了工作质量。

实际上，"在其位，谋其职，尽其责"这个准则应该贯穿在所有的人对待所有的岗位工作之中。做任何事情，如果不能明确自己的岗位职责，心态不够端正，肯定不能够做好，即使能够暂时做得好也不会长久。明确岗位职责就可以"对号入座"，就可以让我们在较短的时间内完成该完成的工作，提高工作效率，减少工作疲劳。所以，"在其位，谋其职，尽其责"，对每个人的职业生涯都是至关重要的。

工作是安身立命之所，既然公司给了我们一个施展才能的平台，那么忠于职守、勤勉尽责就是最起码的职业操守和道德品质。只有严格要求自己，自觉把岗位职责、分内之事铭记于心，知道该做什么、怎么去做，才能在工作中进取，不断发展升华自己。

3.能者上，平者让，庸者下

优秀人才是企业实现战略目标的基础，是企业持续发展的动力。在这个物竞天择、适者生存的社会中，企业为了达到自己的战略目标，大多会实行"能者上，平者让，庸者下"的用人原则。

例如，在美国通用公司，公司曾要求各个层次经理每年将自己管理的职员进行严格的评估和分类，从而产生20%的明星职员、70%的活力职员以及10%的落后职员。当评估结果出来后，总会裁掉10%的落后职员。类似的企业还有全球著名软件企业微软公司，微软曾经每半年就要对职员进行一次考核，其中效率最差的5%的职员将被淘汰。

在现代职场中，早已不再论资排辈，谁有能力出成绩，谁就能在企业中占据重要位置，获得更高的薪酬和更满意的职位。业绩是企业衡量职员的关键指标。个人能力强，你就能为企业创造高效益，那么必然会得到高效的回报，没有业绩，不但升迁无缘，甚至无法立足。因此，每个在职的人士，都要有一种如履薄冰的危机感，要抓紧点滴时间给自己"充电"，要刻苦钻研专业知识，下大力气提高专业技能，以积极、认真的态度磨炼自己，使自己的能力、素质胜任工作岗位，跟上时代发展的需要。

没有人会承认自己是一名"庸者"，也都不要去做"平者"，只有成为一名勇于搏击风浪的"能者"，你的职场之路才会越走越宽。拿业绩来证明你自己吧，否则你将成为下一个被淘汰的人。

4. 坐不住，等不起，慢不得

一个国家、一个地方的发展改革需要"坐不住，等不起，慢不得"的紧迫感，一个企业、一个员工同样需要有这样的紧迫感。

快者胜出，慢者出局。在这种竞争格局中，不发展就是倒退，慢发展也是倒退。因此，在大家都发展求胜的情况下，能快则快，这样才可能实现跨越、实现赶超。

"坐不住"，就是要以高度责任感真抓实干。

在你追我赶、竞相发展的职场，没有偷安享乐的时候。当你的思想落后时，当你的工作陷入停顿时，当你坐下来小憩时，别人就有可能乘机超越你。不进就是退，你根本就没法选择。不想被淘汰，那么，动起来，负起你的责任，以实力去超越别人。

"等不起"，就是要以强烈紧迫感去抓机遇。

生命经不起浪费，每个人真正干事业的时间也就十几二十年，在这样一个短暂的时间内要想取得成功，靠等待是无法完成的，必须主动出击，在竞争中抢抓机遇。可能有人会说："属于自己的时机没有到来，我只能等待。"机遇是永远等不来的，没有机遇我们要学会自己创造机遇。时间不等人，企业的发展也不等人，瞻前顾后、等来等去，就会因丧失机遇而变得力不从心，步步跟不上。

"慢不得"，就是要以强烈危机感去追求更高目标。

当代的中国就如一列正在转型中高速前进的火车，企业要想在经济社会中生存下去就必须提速。相应地，员工也应该紧跟企业发展的步伐，员工的步伐一旦比企业的步伐慢半拍，就会永远掉队了。员工只有具备强烈危机感，如芒在背，如鲠在喉，如临深渊，如履薄冰，才能在工作中不断寻求改变，提升自己的工作能力，才不会被企业淘汰。

坐不住，等不起，慢不得，这是作为一名员工履职的基本要求。每个人都肩负着一定的职责，只有干起来，才谈得上履职；不干，就是失职；干慢了，拖了企业发展的后腿，同样是工作不到位。

工作是坐不住，等不起，更慢不得的，只有动起来，干起来，快起来，不断地给自己施加压力，不断地挖掘发展潜力，在重负中前行，你才能更好地对工作负责，抓住机遇，实现更高的目标。

可能有很多人还坐在电脑前为几个小时前的工作而发愁，不想做或都不知道怎么做；也有人将工作推到明天、后天或某一天，等待着时机成熟后再去做；抑或已经开始行动了，却在工作中碰到这样或那样的困难而心存抱怨，进展缓慢。

当员工对待工作"坐、等、慢"时，试想一下，老板们怎么想？他们听过太多"明天""以后"之类的托词了，在这些托词面前，他们很容易分辨出哪些员工对工作持负责的态度，哪些是敷衍工作的态度。很明显，不能严格要求自己的员工，永远是滞后的；失去工作激情与责任感的人，很难得到更好的发展。

多好的计划，都不如一次真正的实施；多美妙的空想，都不如一次实际的行动。下决心其实并不困难，难的是付诸行动。不要把事情都推到明日，而要今日事，今日毕。你会发现，在你每天完成工作的时候，你已经在进步、在提高了。所以，要想在职场中脱颖而出，最有效的方法就是不再坐视，不再等待，不再慢行。

过去，只有适者能够生存；今天，只有最快处理完事务的人能够生存。只有效率高的人才能挤出时间来完成更多的事，低效只会让工作占满你所有的时间，工作的苦劳也会被漠视，从而被贴上了"低效率"的标签。

"数风流人物，还看今朝"，每个职场人士都要以"坐不住，等不起，慢不得"的态度对待工作，以"只争朝夕"的责任感、紧迫感、危机感，忠诚履职。

这是工作的要求，也是职业的要求，更是生命的要求。

5.手要勤，脚要快，脑要灵

做好本职工作有三个非常重要的基本点：手要勤，脚要快，脑要灵。

手要勤，就是做事要勤快。勤劳是中国人的美德，做事勤快并不是一件难事，可是勤快的人太少了。为什么会出现这种情况呢？

一种情况是体现人的本质问题。员工本身就很懒惰，不管做什么事都想偷懒，所以做起事来总是偷懒，能少做就少做，能不做就不做。碰到这样的同事这样的下属，只能是避而远之或开除而后快。

另外一种情况是，员工本质上并不懒惰，能做好任何一件事情，可就是不愿意去做。这主要是心理问题。首先，心态不对，要么对目前的工作岗位不满意，好高骛远，不愿意做小事；其次，工作态度不端正，没有责任心，什么工作都是持应付的态度，没有明确的职业目标；最后是怕吃亏，这种员工大有人在，工作中生怕吃一丁点儿亏，做工作斤斤计较，从不愿多干。

不管是哪种情况，如果不做改变，你的职业道路将会越走越窄，因为没有人喜欢一个懒惰的人，包括你自己。

在工作中，员工的懒惰还会直接导致另外一个不好的习惯：作风懒散。思想不积极，手不勤，自然脚就不会快了，于是办事拖拖拉拉成为很多员工的不良风气。领导交办的任务催办多次也完成不了，在领导面前表现过分的高姿态，都是领导不喜欢的；相比之下，做事勤快手脚利索的下属更受领导的青睐。

做好一份工作除了手要勤、脚要快，还要脑子灵活。

很多员工兢兢业业、任劳任怨地工作，就是成绩不突出，为什么呢？因为他们在工作中没有动脑子，不知道寻找改进工作效率的技巧，简单地说就是"机械性"地工作。这种工作方式怎么能做出成绩来呢，不出错就已经是万幸了。

做任何事情都是有方法可循的，只要你动脑子找对方法，做起事来就会起到事半功倍的效果。例如，我们在动物园看猴子时，猴子会不停地在树枝间跳跃，会利用挂在树枝上的绳子荡秋千，十分逗人喜欢，等游客高兴了，它们再伸手找人们要吃的。当人们把食物扔进去后，它们不会轻易去取，待观望一阵子，确认没有危险，才迅速取走，躲藏到安全的地方去吃。若遇到坚果类食物，自己无法咬破，它们就会用石头将其砸破后取食。猴子这看似有趣的行为却给出了一个普遍的真理：做事动脑子，讲究方法，要巧干，不要蛮干。

老老实实地完成领导交给的任务无可厚非，也是分内之事，但若是想迅速攀升至顶峰，却是远远不够的。很多人为了讨领导欢心，加班加点以示自己的努力，认为只有这样才能讨老板欢心，获得提拔。但其实老板要的是效率和业绩，若只是一味地瞎忙，却没有成绩，是不会获得老板赏识的。有时，我们真的需要用脑子工作，只要稍微变通一下，就会得到不一样的结果。

托尔斯泰有一句名言："成功一定有办法，失败一定有原因。"在工作中，没有一成不变的状况，不同的事情，需要我们随机应变，做出不同的决策。

总而言之，手勤、脚快、脑子灵，都是为了做好本职工作。

6.不断质疑和改进你的工作

上学时，十余年寒窗苦读，只为考上大学，一旦进入大学，似乎人生的前途无限光明，因此不再像以前那样努力；工作后，为了进入一家知名的外企，充电、进修，当你费了九牛二虎之力如愿进入向往的外企后，发现原来不过如此，似乎一切都十分稳当了，又开始过起了无忧无虑的生活，日复一日地上班、下班。人们总是很容易满足于一时安逸的现状，而忘记了过去的努力和未来的危机。

于是，当领导给你提出更高的业绩要求时，你会不高兴地说："完成目前的任务量就已经不错，哪有能力做更多的业务。"当任务完成得不理想时，你会习惯地说："我已经做得够好了，还有好多人还没我做得好呢。"为什么总是安于现状，难道你就只有这么一点点出息吗？

每个人的身上都蕴含着无限的潜能，每项工作都可以做到更好，如果你满足于自己在工作中尚可的表现，不愿去追求更加完美的工作质量，那么，你也只能落入平庸者之列。事实上，面对激烈的竞争，即使甘于平庸，也不一定能获取平庸所需的安逸。

古时候，一位商人要出远门。临行时，他把仆人们叫到一起并把财产委托他们保管。依据仆人的能力，商人给了第一个仆人十两银子，第二个仆人五两银子，第三个仆人二两银子。

拿到银子后，第一位仆人把十两银子用于经商，很快赚到了十两银子。第二位仆人也学着第一位仆人经商，赚到了五两银子。但是，第三位仆人将所得的二两银子视为珍宝，他不敢拿去做生意，为了不让银子减少，他将银子埋在了土里。

过去了很长一段时间，商人回来了。第一位仆人拿出二十两银子给商人，商人高兴地说："做得好！你是一个对很多事情充满自信的人。我会让你掌管更多的事情。现在就去享受你的奖赏吧。"

同样，第二位仆人拿出了十两银子，商人同样夸奖了他，说："做得好！你是一个对一些事情充满自信的人。我会让你掌管很多事情。现在就去享受你的奖赏吧。"

最后，第三位仆人拿出了当初商人交给他的二两银子说："主人，我知道你想成为一个强人，收获没有播种的土地。我很害怕，于是把钱埋在了地下。"商人生气地说："你既然知道我想收获没有播种的土地，那么你就应该把钱存到银行家那里，以便我回来时能拿到我的那份利息，然后再把它给有十两银子的人。我要给那些已经拥有很多的人，使他们变得更富有；而对于那些一无所有的人，甚至他们有的也会剥夺。"

第三位仆人本以为自己会得到主人的赞赏，因为他没丢失主人给的那二两银子，结果却被主人赶了出去。

我们做工作时总会有种"不求有功，但求无过"的心理，可是老板就跟故事中的商人一样，他们不这么认为，他们也不想让自己的员工顺其自然，而是希望员工在工作中能主动些，变得更优秀些。对于员工而言，一旦满足于现有的工作表现，平庸将会相伴一生。

在社会发展的进程中，人类虽然永远不能做到完美无缺，但是在我们不断增强自己的力量、不断提升自己的时候，我们对自己要求的标准会越来越高。这是人类精神的永恒本性。"逆水行舟，不进则退"，对于员工而言，顺其自然、止步不前、自我满足就是一种堕落。我们渴望成功，我们有很多条路可以选择，为什么不选择更好的道路呢？

任何一项工作都没有最好，只有更坏，你看似按时按量完成了任务，其实只要你愿意，只要你肯努力，你还可以做得更好。比如，缩短工作时间，或者在规定的时间内完成更多的任务量。当你真的提前完成了任务或是做了更多的工作，并坚持下去时，相信你的职业生涯就此会发生改变。

正如美国著名作家哈伯德所说："不要总说别人对你的期望值比你对自己的期望值高。如果哪个人在你所做的工作中找到失误，那么你就不是完美的，你也不需要去找借口。承认这并不是你的最佳表现。千万不要挺身而出去捍卫自己。当我们可以选择完美时，却为何偏偏选择平庸呢？我讨厌人们说那是天性使他们要求不太高。他们可能会说：'我的个性不同于你，我并没有你那么强的上进心，那不是我的天性。'"

满足自己的工作表现，是你通向卓越的最大障碍。事物永远没有"很好"的时候，只有"更好"。当一件工作完成时，只要你带着挑剔的眼光，回过头来看看自己所做的工作，你就可以从中找出这样或那样的不足来，难道别人没有发现吗？事实上，别人也有发现，只是无论客户、上司还是老板，真正存心挑剔你的时候并不多，他们提出要求，大多迫于某种正当的需要。上司怕工作质量影响业绩，老板则更是迫于市场的巨大压力而鼓励员工不断上进。他们无法对市场说："我已经做得够好的了！"因此也希望你不要对他们说："我已经做得够好的了。"

他人的认可并不代表你的工作就是完美无缺的，作为员工，要提高自身素质，牢固树立"无功便是过、平庸就是错"的理念，将自己的工作做得更好，而不只满足于尚可的工作表现。因为，市场是无情的，你有时可能只比竞争对手稍逊一点点，就会被淘汰出局。要想立于不败之地，要想成为公司不可或缺的人物，你就必须严格要求自己，不断质疑自己的工作，改进工作中的不足之处，提高自己的工作能力。一个懂工作、会工作的人才有能力去担当更多的工作任务。

7.主动承担更多的任务

清朝学者金缨说："收吾本心在腔子里，是圣贤第一等学问。尽吾本分在素位中，是圣贤第一等工夫。""宇宙内事，乃己分内事；己分内事，乃宇宙内事。"这两句话包含了做人、做事的两层意思：一是说做人的道德修养，即认真做人；二是说做事的原则，即在其位谋其事，尽力尽心地做好本职工作。

按照金缨的说法，人要是有了这种态度，那就是平凡岗位上的"圣贤"。认真做人、尽心尽力地做好分内的工作，也是市场经济社会的必然要求。没有这种态度，个人工作很难保证，也会失去谋生手段，自己的生活质量也会下降。

从做人角度而言，一个人的生活质量取决于他周围许多为他服务的人的工作质量，即要有"我为人人、人人为我"的观念。有了这种观念，你才能尽本分，主动承担更多的任务和责任，给别人提供服务。市场经济的社会就是一个互相服务的社会，在这个服务过程中，你虽然只是尽了自己的本分，却可以大大增加社会的财富，提高包括你自己在内的每一个人的生活质量。

做好自己的岗位工作，然后承担更多的工作任务，无怨无悔，无索无求，这就是做人的一种最高境界。

事实上，做人与做事的本分是相通的，如果说两者有什么本质上的区别，那么做人的本分是一种道德，做工作的本分是一种自觉的工作态度。这种自觉，来自员工对自己工作的热爱和自豪感。如果员工只是把工作看作是纯粹糊口的手段，他就很难对工作产生热爱，也就不会那么尽力了，更不会承担更多的工作任务。

比如，有的时候，我们会认为自己的工作做得很好，在交代的工作完成后就闲下来等待命令。这种情况下，我们是否想过工作任务有没有可以扩大和充实的地方？我们还可以帮助部门做些其他的什么工作？

有的人可能会说："能做好自己的工作已经是一种优秀，多接任务出错了，岂不是要负责的吗？"我们的本分是做什么？就是工作。大家都处于同一个集体，你多做点，他就少做点，或者说，人人多做点，集体的利益就高点，落到每个人头上的利益也就多点。

况且，当你尽足本分地去做工作时，优秀的光环也会不期而至。

布莱恩·克莱斯是美国考克斯有线电视公司的一名工程师。一次，正在休假的布莱恩到一家器材行购买木料，准备把家里装修一下。由于假期只有七天，他把每天的日程都排得满满的。他焦急地等待着木工师傅切割木料，却无意听到附近的几个人正在抱怨考克斯公司的服务质量，而且声音越来越大。布莱恩发现，其中一个人对考克斯的服务质量极不满意。

这时，布莱恩的未婚妻打来电话催着他赶快回家，监督工人们装修。但是对于眼前的情景，布莱恩却无法置若罔闻。他走上前去对几个人说道："很抱歉，我听到大家正在讨论考克斯公司的服务情况。我在考克斯工作，请问大家对我们的服务有什么意见，能否愿意给我一个改善令大家不满服务的机会？如果可以，我一定全力帮助你们解决。"

这一番话让这几个人惊讶无比，但是由于布莱恩态度诚恳，他很快就了解到了具体情况，于是赶快给公司打电话汇报，主动提出放弃休假为顾客解决问题。

布莱恩及时为顾客解决了问题，让顾客非常满意。上班之后，他又打电话向那位顾客询问服务情况，并提供给顾客两个星期的试用期，最后还向顾客表示了诚恳的歉意，令那位顾客十分感动。

考克斯的老板葛培特知道了这件事后，对布莱恩称赞有加，并号召所有员工向他学习，布莱恩也从此颇受老板关注，个人业绩也节节攀升，成为公司里的红人。

布莱恩放弃了个人的假期导致家里没有完成装修，却为公司挽回了声誉，相比之下装修可以缓期完成，而公司声誉一旦被毁却是很难复原的，对个人而言是小事，对公司却是大事。如果人人都能像布莱恩一样，在自己固定的岗位上，承担更多的责任和义务，那么这个企业绝对是个成功的企业。

布莱恩所做的贡献，几乎每个职员都能做，只是他主动去承担工作任务的意识却是许多员工没有的。这一种人他们事业的成功首先赢在意识上。如果他们墨守成规，对工作外的工作不管不问，没有人会责备他们。但是，他们积极主动地去工作，解决了工作出现的问题，别人对他们的看法就发生了重大变化。正因为他们主动去承担任务，才使他们从众多的职员中脱颖而出。

工作的时候，我们就应该像他们一样要求自己：认真、负责、主动、高质量地做好自己的工作，承担更多的工作任务，不论别人有没有看到自己的付出，只要一日在岗，我们就要去尽自己的本分做好一切工作。

8.比别人付出更多的努力

有付出就有回报，这是人人都懂的道理。在职场上，每个人都有梦想，谁也不希望自己永远充当"配角"，谁都希望自己能成为备受人们关注的焦点。为了自己的人生梦想，每个人都在付出。可是结果怎么样呢？只有少数人脱颖而出，大多数人只是在默默无闻地付出，根本就没有实现自己的梦想。

我们是否应该怀疑"有付出就有回报"这句话的正确性呢？这句话本身并没有错，你在工作中付出了，也得到了相应的物质回报。只是当今是一个竞争的社会，你付出的同时，别人也在付出。同样的岗位，同样的工作量，要想超越他人，只能比别人付出得更多。

对此，日本的"经营之圣"、京瓷株式会社的创始人稻盛和夫体会深刻。他认为"比别人付出得更多"实质就是"拼命干"，主要包括四个方面：一是一切生命拼命求生存只是自然界存在的前提；二是只要你喜欢的工作再拼命也不觉得苦和累；三是全身心投入工作将会迸发创意；四是"拼命干"可以磨炼灵魂。

稻盛和夫甚至坚信，凡事不"拼命干"，企业成功、个人发展都将是空中楼阁，除此之外，别无他途。

如果你还在抱怨自己已经付出了，却还是没有得到想要的成功，这个时候，你就应该好好想想了，你付出了多少，你的努力能够撑起你想要的成功吗？

不成功是因为你付出的努力还不够多，如果你没有别人付出的多，那么，努力吧，超越别人，成功就在前面。

9.服从第一，维护大局

打赢一场战争，光有好的谋略是不够的，关键还得看战士们是否服从命令。因此，世界上所有的军队都强调"绝对地服从"。在美国著名的西点军校，上司的命令，好似大炮发射出的炮弹，在命令面前任何学员无理可言，必须绝对服从。西点人认为，军人职业必须以服从为第一要义，学不会服从，就不能在军队中立足。正因为如此，西点军校成立以来人才辈出。

二战名将巴顿将军毕业于西点军校，他的上级曾给他写了这样一个不同寻常而又合情合理的评语："他总是乐于并且全力支持上级的计划，而不管他自己对这些计划的看法如何。"巴顿视服从为美德，他也十分欣赏服从命令的下属。巴顿将军在其所著的《我所知道的战争》一书中，记载了这样一件事：

"我要提拔人时，常常会把所有的候选人排到一起，给他们提一个我想要他们解决的问题。我说：'伙计们，我要在仓库的后面挖一条战壕，8米长，3米宽，6米深。'我就告诉他们这些。

"我有一个带后窗的仓库。候选人正在检查工具时，我走进仓库，通过窗户观察他们。我看到伙计们把锹和镐都放到仓库后面的地上。他们休息几分钟之后开始议论我为什么要他们挖这么浅的战壕。有的人说6米还不够当火炮掩体。有些人则争论这样的战壕太热或太冷。如果伙计们是军官，他们会抱怨他们不该干挖战壕这么普通的体力劳动。最后，有个伙计对大家说道：'让我们把战壕挖好后离开吧，那个老畜生想用战壕干什么都没关系。'

"那个伙计得到了提拔。我必须挑选不找任何借口服从命令的人。"

另一位西点军校的优秀毕业生艾森豪威尔将军也对自己的部下表达了同样的观点。他说："当需要你发表意见的时候，你要坦而言之，尽量陈述你的理由。而一旦上司决定了什么，你就要坚决服从，努力执行，这时候需要的是激情和行动，而不是冷静和聪明。因为，军队是一个上下贯通的命令系统，任何一个环节出现违抗命令和执行命令的迟疑，都可能酿成不堪设想的后果。"

没有服从就没有管理，不懂得服从，很难有一个好的前途。战场如此，职场亦同。服从的观念在企业界同样适用。每一位员工都必须服从上司的安排，就如同每一个军人都必须服从上级的指挥一样。大到一个国家、军队，小到一个企业、部门，其成败很大程度上就取决于是否完美地贯彻了服从的观念。

服从是行动的第一步，处在服从者的位置上，就要遵照指示做事。服从的人必须暂时放弃个人的独立自主，全心全意去遵循所属机构的价值观念。一个人在学习服从的过程中，对其机构的价值观念、运作方式，才会有更透彻的了解。

当然，西点的训诫和要求是从军事指挥的角度来制定的，在企业中不能机械地照搬。而且，并不是所有上司的指令都正确，上司也会犯错误。但是一个高效的企业必须建立良好的服从观念，一个优秀的员工也必须有服从意识。因为上司的地位、责任使他有权发号施令；同时上司的权威、整体的利益，不允许部属抗令而行。一个团队，如果下属不能无条件地服从上司的命令，那么在达成共同目标时，就可能产生障碍；反之，则能发挥出超强的执行能力，使团队胜人一筹。

在欧美职场，所有的管理者和所有的员工都熟知一条老板定理：第一条，老板永远是对的；第二条，当老板不对的时候，请参照第一条。

这就是服从，服从是无条件、不能讲价钱的。所谓"对的就服从，不对的就不服从"，

"我只服从上级的正确指挥",都是些似是而非的错误观念。持这种观念的人,是在以他自己的是非标准对上级的命令做判断。

服从就是服从,不能因为自己认为是不正确或不公正的就不服从。上级的对错,应由上级的上级或执行的结果来判断。

正如沃尔玛创始人沃尔顿所说:"没有服从就没有执行,团队运作的前提条件就是服从。我们要的不是和领导作对的员工,而是服从领导决策,第一时间完成任务的员工。"在下级和上级的关系中,服从是第一位的,服从上级的管理,遵从上级的指令,这是开展工作的前提。

对一个企业来说,员工没有服从意识、不愿服从的后果是不可想象的。试想,公司制定一项战略,如果每个员工都有自己的理解和想法,那可就麻烦大了。也许你很聪明,你发现这样做要赔钱,你以为是领导不了解具体情况,决策失误,为了公司的利益,你就不去执行。但你不了解的是,公司可能今年就是投几千万,就是建设终端,就是战略性的亏损。这种想法,公司领导会直接告诉你吗?假设领导是这么想的,你那种相反的声音、那种不执行的声音恰恰会导致整个战略的失败。我们很多人容易站在自己的角度看问题,没有全局观念,这种后果是很严重的。

"服从是员工的天职",没有服从就没有执行,团队运作的前提条件就是服从。工作的第一步,就是学会服从。只有服从,才知道工作从哪里开始,怎样去工作,如何出色地完成工作。一名有责任心、能够严格要求自己的员工,不用别人强迫,也不用他人督促,就能自觉服从命令,认真完成任务,不达目的不罢休,而不是寻找借口,哪怕看似合理的借口。

五、成长的历练需要不断积累

人生就像马拉松,都是在积累。

所以积累这个词是非常重要的。我们从小读书,也是从幼儿园、小学、初中、高中到大学都在积累,毕业以后更是在积累,积累我们的能力、心态、价值观、客户、财富,所经历的每一步都在做积累。而积累思维,就像二万五千里长征,也是一步一步地走出来的。任何一个世界500强都是从小开始做到大,很多企业都是从个体户开始干的。"不积跬步,无以至千里;不积小流,无以成江海。"我们要有这种积累的思维,春华秋实的思维,只有春天不断地播种积累,秋天才会有它的果实。所以我人生中最喜欢的词语之一,那就是积累。像我个人也是一样从上大学在暑假打工,还有在学校里学的东西,而无形中做了一些销售能力的积累、专业的产品知识积累、机械行业知识的积累。我在毕业以后从事空压机行业的技术工作，那么在技术工作中积累了一些专业知识，就可以去做销售的市场工作，销售市场工作又积累了一些客户，积累了一些跟单销售能力。我积累了销售能力以后，慢慢地就可以去带团队，一棵树变成一片森林。带团队的时候又积累了自己的管理能力、培训能力。那么有了这些业务能力、管理能力、培训能力以后，还有技术能力、专业能力，以后再积累些资金，我们就可以开始创业了。创业我没有积累，可以做一个代理商，开贸易公司。有了贸易公司以后，我们又积累了更多的客户，然后有了更多的团队。这个时候我们又抓住了一个时代的机会——节能减排的机会，我们就创造自己的品牌——萨震节能空压机。这个时候我们人生中都是在积累，没有人一蹴而就，一个人能力再强，都是从零开始积累。虽然我们每天要去看今天有没有成长，这个月有没有成长。

做企业，其实最重要的也是积累思维，其实我们做代理商的时候经营本质就是一个，就是积累客户，积累有效客户。当年在做这个，包括现在在做企业的时候，就是要去衡量我们这个月增加了多少新客户，然后有多少家客户流失。积累法则，也是我命名的积累法则是什么？就是进攻加防守。那么对于做企业来说，所谓的进攻就是不断地增加新的有效客户，然后防守就是不断地减少客户流失。那么你的客户积累得越多，你的企业的价值就会越大。这是经营的方面，从管理的角度来说就是积累有效人才。我们这个企业最初创业的时候，可能只有几个人，到现在几百号人，我们就是在积累有效人才。

积累有效人才也是一样，要每个月做人才盘点。比如说，各部门这个月进来了多少人，有效的人才多少，而有一些是主管级，有些是核心级，然后我们离职了多少人，流失了多少人。

其实人生就是不断地积累，我们要能力的积累、智慧的积累、资源的积累、成果和财富的积累。实际上，每个人最重要的还要积累我们的信用，一个企业也是一样，一个人也一样。我们每个人一出生其实就注册了一家公司，就是以我们的名字命名的人生有限公司。我们的公司从诞生开始，就在做积累，从小就在积累一些能力，慢慢长大了就要积累我们的信用。每个人都要讲信用，那么作为企业，也是一个积累的过程，我们要不断地积累客户，积累我们的人才，才能积累我们的企业品牌，积累品牌的价值。这里面其实对应的一个词，非常好的一个词就是春华秋实。只有你春天不断播种，秋天才会有收获，也只有你不断地积累，才会有水到渠成，厚积薄发。我们讲种一棵树最好的时机肯定是在十年前，那么看到一棵树，我们想到啊，十年前如果我也种了一棵树，那有多好。如果没有种呢？那么最好的时间就是当下。过去好不好已经不重要，当下好不好很重要，但是比当下更重要的是未来好不好。那么当下好不好，是由过去造成的，而未来好不好是由当下造成的。所以说种一棵树最好的时机是十年前，其次就是在当下。马上行动，做正确的事情，用这种积累的思维、春华秋实的思想。这样我们才能够不断地去攀登。二万五千里长征，也不是一蹴而就的，它也是一步一步地去走的。只要你起步了，其实终点就不会远。如果你原地踏步，终点哪怕近在咫尺，也会变得很遥远。积累的这种思维，是我们人生中非常重要的一个思维。

·激发自己的潜能

1.成功源于自律习惯的养成

什么是自律？自律是你可以克制自己的情绪而让自己行动的能力。想象一下，你该怎样不受其他任何外界的影响，坚定地去实现自己既定的目标。试着对自己说："你超重了，该减10千克。"若你不能自律，这个目标永远也达不到。但若你能够自我约束，就一定能实现。自律的最高境界便是，当你做出了一个决定时，你一定会朝着目标前进。

那么，如何建立自律习惯呢？建立自律习惯可以用一个比喻来很好地解释。自律像肌肉，你训练它的时间越多，你就越强壮；你训练它的时间越少，你就越虚弱。建立自律习惯的基本方法便是去对付一个你所能应付得了，但是接近于你的极限的挑战。这不是说你每天便是尝试某个挑战然后不断失败，也不是说让你待在最舒适的范围内。若你总在试着举一个你举不起的哑铃，或举一个对你来说很轻的哑铃，是不会得到锻炼的。你必须在你能力范围内但是接近你极限的重量开始练起。这样训练，一旦你成功完成了挑战后，就要马上增加挑战难度。如果你总在不断地解决同一个挑战，你不会再进步。同样，如果你不再挑战你的生活，你便不会再增长自律能力了。

当建立自律时，你不能过度地鞭策自己。如果你想改变生活，用整晚的时间设定许多的目标，希望自己能够从第二天开始坚持的话，你便有可能会失败。这就像是一个人第一次去体育馆锻炼，便想举起30千克重的杠铃一样，你只会显得很愚蠢。

同样，若你现在处于非常无规律的状态下，你还是可以通过一点点约束来使自己变得更规范。但你越来越规律时，你的生活就会越来越容易。当时对你来说很困难的挑战最终会变成小儿科。当你变得更强时，同样的重量似乎会变得越来越轻。

拿你自己和他人比是没有用的。你只会发现你想要发现的。如果你觉得自己弱，那么其他人看起来都比你强；如果你觉得自己强，那么其他人看起来都比你弱。做这种比较没有意义。你只要看看自己现在的位置，然后在前进时定一个远一些的目标即可。

自律首先要有意志力。意志力就是集中注意力。把你所有的精力集中起来，奋力地前进。你在战略上从困难的突破口一举打入，让你有足够的空间深入它的辖区，结束掉它。关于意志力的实践分为以下几个步骤：

第一步，找到目标。

第二步，制订攻击计划。

第三步，履行计划。

运用你的意志力，在第一、第二步上可能要花点儿时间，但是一旦到了第三步，你就会快速猛烈地打击那些困难。

不要试图用一个要求你意志力很高的方式解决困难，如果你长时间尝试这样，意志力是不会奏效的。

运用意志力就是保持一个能持久的动力。运用意志力的窍门是把困难所属的部分领地永久地占有住。这样再前进就简单了，这样也就可以避免长期消耗高能量。

自律的前提是勤奋。勤奋并不需要你去寻找挑战或者是难题，仅仅是花费时间。生活中有很多难题是需要我们花费很多时间而不用动脑子的。如果发现有节省时间的方法，就利用起来吧，如果没有，那么接受现实把事情做好。不要抱怨，不要嘀咕，尽力去做。让自己自律起来可以使时间变得更有价值。

要想办法提高自己的个人效率。勤奋能够让你更高效地完成自己的工作，但是它不会教你首先该做什么，因此勤奋是一个级别很低的工具。一旦你决定了一系列的行动并且已经做好计划，那么没有什么能比勤奋更有用的了。长远看来，你的成果来源于你的行动，而勤奋就是行动的最好方式。

自律需要坚持不懈的努力。当你执行任何一项大目标时，你的动机会时强时弱，就像海浪冲打礁石。有时候，你觉得充满动力；有时候你又不会这样。但是，并不是你的动机决定了结果，而是你的行动。坚持不懈可以让你在失去动力的时候帮助你继续你的行动，这样可以使结果渐渐好转。

你必须永远坚持，永不放弃？当然不用，有时候放弃是最明智的选择。如何区别继续坚持下去还是放弃呢？你的计划仍然正确吗？如果不是，那么请更新你的计划。你的目标是否依然正确？如果不是，请更新或者放弃你的目标。抓住一个不再能够激励你的目标不放没有任何好处，坚持不懈不是顽固不化。

接下来，我们再来看看如何培养自己的自律习惯。

①认识到自己的责任。要承认：如果我坐在这里无所事事，我将一无所获。

②允许自己感受到阻力。举例来说，如果你今天想睡个懒觉，那么不要自责和内疚，对自己说以下这样的话：今天我不想早起了，我想睡个懒觉。我承认我应该早起，而不是睡懒觉。我同样需要发展一些自律。做自己不想做的事能够发展自律。

③做几下深呼吸。放松下来，放开压力。暂停片刻，去想象这个行动已经完成了。在脑海中想象出工程已经完成的图景。这个步骤为行动做好了意识和潜意识的准备。

④现在行动。这么做了以后，你会感觉到一种释放感，好像你将自己从忽略重要任务的压力中解放出来了。另外，你也会享受到成就的愉悦，并且你会发现任务比你想象中的要容易一些。

⑤好好享受你体验到的放松与愉悦。记住它，享受它，关注它，因为它将成为动力的来源。最初，放松和愉悦的吸引力可能是微弱的，对它的记忆是模糊的，但是当你不断这么做你不想做的事情时，行动的动力就会变得越来越强，直到良好的习惯形成。

⑥改变你的关注点。那些还没有形成自律习惯的人回避任务，因为他们的关注点是需要付出的努力。在他们的心目中，努力是不适的同义词。当面对一个新任务的时候，关注点要放在你将要体验的放松和愉悦的感觉上。同样要关注你对想象出来的美好成功图景的记忆，要夸大它。记住任务将会比你现在以为的简单些。

⑦当你开始你自己的个人自律发展项目的时候，你要做两件事情：完成任务和发展自律。在这两者中，发展自律更为重要。因为一旦你掌握了它，你将可以做到任何事情。所以，自律项目的成功很重要。因此，当你开始做事的时候，不要选择最紧急的那种任务，而要选择最容易的那一个作为起点，然后一直进步。

⑧对待自己，要温和又坚定。要坚定地行动，这样你就不会跑掉。面对你的任务，接受它，完成它。开始了就去完成它，对每一个项目坚持到底。一次关注一个任务，不要分散你的注意力。但是要温和，只要你开始做一些事情，你没必要立即完成所有的任务。别指望一秒钟就从零走到一百，慢慢做起来。开始时要慢，但是当你发展起你的技能就应逐渐加快速度。

⑨要预料到，你仍会面对避免工作的诱惑。你的心智会想出合理化借口来将今天应该完成的事拖延到明天。保持对自己感受的觉察，学会在行动之前思考。使用你的理性，而不是情绪来指导你的行动。做那些对你真正有益的事，而不是让你感觉良好的事。

⑩一旦你学会如何快速去应对你面对的所有任务、责任和挑战而做出行动，你就会希望保持总是做好行动的准备。通过故意去做那些你不想做的事来保持良好状态，即使

那些事不太重要。事实是，没有不重要的事，因为如果做一些琐事能让你保持自律，重要的就不只是结果，对增强你的自信心来说也非常有利。

⑪一旦你可以保持你自律的水平，你就可以通过自我扩展进行到下一个阶段。现在你刻意去寻找困难而复杂的挑战，在过去你只敢去梦想它们。现在你掌握了自控，你已经为实现梦想做好了准备。现在，你已经不再被回避任务所麻痹。每一个你所做的任务，都为你解放了时间，使你能够进行下一个项目，你现在已经在无尽的自我成长道路上开始前行了。从今天开始决定放弃指责的游戏，而开始通过学习自律，来为你自己的生活承担起责任吧。

2.让你脱颖而出的自我风格

众所周知，现代企业的竞争是知识与人才的竞争，企业的发展需要凝聚一大批有知识、有经验及具有崇高职业精神的管理与技术人才。在当今社会，广大求职者也越来越注重自身的价值。许多年轻人，刚刚大学毕业就希望自己能在社会上站稳脚跟，刚刚走上工作岗位就希望自己能在公司里脱颖而出。然而，对于年轻人来说，学历只是一块敲门砖，容貌只不过是门面，背景和关系也终究不是长久之计。一个人要想让自己真正在社会上站稳脚跟，在公司里脱颖而出，就必须具有较高的综合能力。因为，只有能力才能体现一个人的综合价值，它是一个人在社会上安身立命的本钱，也决定着一个人的现在和未来。

能力是左右个人发展和人生命运的一种积极力量，它要求每个人通过充分正确地发挥其能力来积极地生存、发展，为社会多做贡献，并实现自己的追求。这是一种深蕴开拓进取、拼搏向上、创新个性、独立平等和人格完善等具有现代特性的积极进步的生存方式和发展方式。它是人的综合素质在社会实践中表现出来正确驾驭某种活动的实际本领、能量和熟练水平，是实现自身价值的一种有效方式，也是左右个人发展和人生命运的一种主导性积极力量。人要生存和发展，要为社会多做贡献，就必须凭借自己的能力，否则，就会心有余而力不足，有热发不出光。具备较强的能力并让能力充分正确地发挥出来，是经济社会中个人的最大价值和财富，它可以帮助我们实现自己的人生价值。

能力的重要性不言而喻。如果你还没有找到适合自己的成功之路，其根本原因是你还没有认识到成功的关键力量——能力。世上有无数种能力，很多人在锤炼自身能力的时候往往十分盲目，缺乏全面的认识，没有可行的计划，结果是付出巨大，回报很少。究竟哪些能力能让你脱颖而出？又如何将知识、经验转化为能力？能力的培养又有什么捷径？正所谓：磨刀不误砍柴工，不能用心太急，一定要花费一番心思，找出最适合自己的能力修炼之道。

然而在现实中我们也要正视这样一个矛盾，企业提供晋升的机会或给予更多期权或股权的机会总是有限的，只有那些在工作中积极进取，并展示了卓越绩效的人才会受到企业的重视和重用。如何让自己在工作中脱颖而出，凭借的不仅是硬实力的优势，软实力同等重要。打造自己的职业品牌，拥有自己的风格就显得尤其重要。

第一，我们不仅需要好的点子，也需要有推销自己点子的本领。在重要的场合如果我们不能够清晰地表达自己的点子，当你升任更重要的领导职位时，你如何来向你的下属阐明你的点子？如果你不能够成功地推销你的点子，你如何树立你的领导权威？因此在平时我们要培养自己良好的语言表达能力、说服能力和从专业角度来推销自己点子的能力。

第二，不光是要尽职。尽职充其量只能让人成为一个好下属，但是努力超越上司的期望和敢于提出更多合理化改善建议会让你的上司对你刮目相看并为你的晋升打下坚实的基础。许多人做事情脚踏实地，任劳任怨，但许多年过去了仍然没有获得提拔和重用，这除了与能力有关外，恐怕最关键的是与没有努力实现超越自己有关。你除了要做好自己的本职工作，还要协助其他员工完成他们的工作，最关键的是自己的行为和建议有助于提高公司的发展程度。做到这一点看似很简单，但实则需要勇气、胸怀和永不妥协的工作精神。你承担的责任越大，实现理想的机会就越多。

第三，考场靠智商，职场用情商。职场不等于考场，在职场中，有时你的小聪明并不一定能为你带来机会，相反会让人反感。职场中需要有大聪明，即充分展示你的情商。我国有句古话："木秀于林，风必摧之。"诚然你很优秀，但你必须学会适应环境、审时度势，不可清高自傲、一意孤行、我行我素；应虚怀若谷，团结同事，用自己的行动带动大家的能动性和创造性，以实际行动获得同事的赞美及认可，在无形中树立自己的领导权威。在企业中，人与人相处也是一门艺术和学问，需要在工作中不断反省和领悟，其中最关键的就是坚持沟通的三要素：尊重、理解与信任。考场多被动，职场靠主动；考场靠知识，职场靠能力；考场靠自己，职场靠合作。

第四，不要问公司能为你做什么，而要问自己能为公司做什么。工作要以追求绩效和创造价值为导向，力求在平凡的工作中创造核心价值亮点；要在工作中寻找和创造乐趣，建立良好的同事合作关系，并力求通过自己的努力在合作中获得尊重及认可；要给自己设立清晰的短期、中期、长期目标，目标是灯塔，可以引导一个人更好地挖掘自己的潜力，朝着目标方向迈进。

第五，对待公司的忠诚度。世界上并不缺少聪明人，忠诚却是稀缺资源，因此要想在工作中脱颖而出，除了掌握专业技术外就是必须做到忠诚和树立老板心态。

第六，帮助他人就是帮助自己，当你对别人经常微笑时，别人也会对你微笑的。积极主动的工作态度及行为让你有事半功倍的成效，过于在乎较量或者盲目自信也许会让你的锋芒得以展现或短时间内取得过人成就，但你会失去许多同事的支持和信任。不妨将更多的功劳授予他人，你会在日后的工作中获得更多的支持和帮助，并为你以后的晋升铺平道路。

3.专注、热爱自己拥有的工作

华特·迪士尼说："一个人除非做自己喜欢的事，否则很难有所成就。"

快乐的人生不能没有太阳，但是有了太阳我们不一定就能享受快乐的人生，还需要有愉快的心境和成就感。做自己想做的工作是一种人生目标。专注、热爱自己拥有的工作，才能让你每天在起床后，能够愉快地面对繁忙的工作。歌德曾说："责任就是对自己要求做的事有一种爱。"我们只有认清了在这个世界上要做的事情，认真去做喜爱的事，才会获得一种内在的平静和充实。知道责任之所在，不要强加包袱在自己的身上，这样就能体会到人生旅途的快乐。

一个人成功与否，很大程度取决于人的心态。当你要选择怎么样对周边世界做出回应时，你的信念、价值观、惯性思维的结构和对生活的感知，都会对你的行为和决定带来积极或者消极的影响，然后势必带来不同的积极或者消极的结果，这种结果反过来会更加刺激你的积极或者消极的心态。这种心态和行为决定之间的因果关系，直接决定你的成功与否。局限我们的往往不是生活本身，而是我们自己有限的信念、期望以及对那些合适的选择有限的了解。

工作固然是为了生计，但是比生计更可贵的，就是在工作中充分挖掘自己的潜能，发挥自己的才干，做正直而纯正的事情。一些年轻人，当他们走出校园时，总对自己抱有很高的期望值，认为自己一开始工作就应该得到重用，就应该得到相当丰厚的报酬。他们在工资上喜欢相互攀比，似乎工资成了他们衡量一切的标准。但事实上，刚刚踏入社会的年轻人因缺乏工作经验，是无法被委以重任的，薪水自然也不可能很高，于是他们就有了许多怨言。不要为薪水而工作，因为薪水只是工作的一种报偿方式，虽然是最直接的一种，但也是最短视的。一个人如果只为薪水而工作，没有更高尚的目标，并不是一种好的人生选择，受害最深的不是别人，而是他自己。一个以薪水为个人奋斗目标的人是无法走出平庸的生活模式的，也从来不会有真正的成就感。虽然工资应该成为工作目的之一，但是从工作中能真正获得的更多东西却比装在信封中的钞票要有意义得多。

当今社会，有许多人不尊重自己的工作，不把工作看成创造一番事业的必经之路和发展人格的工具，而视为衣食住行的供给者，认为工作是生活的代价，是无可奈何、不可避免的劳碌。这是多么错误的观念啊！行为本身并不能说明自身的性质，而是取决于我们行动时的精神状态。不管你的工作是怎样的卑微，都当付之以艺术家的精神，当有十二分的热忱。

·持续充电，提升核心竞争力

1.练习你的演讲能力

良好的语言表达能力是现代人必备的基本素质之一。好口才越来越被认为是现代人所重视的必要能力。我们不仅要有新的思维和见解，还要在别人面前充分地表达出来；不仅要用自己的行为对社会做贡献，还要用自己的语言去感染、说服别人。好的演讲能力对于从事各行各业的人都是非常重要的。

演讲能力是每个职场人士特别需要的能力，大家对训练演讲能力的速成方法很感兴趣却又信心不足。其实这并不难，不妨好好利用清晨的黄金时间，按照以下方法练习，就可以建立稳固的基础，大大提高演讲能力。

首先，要克服恐惧心理。造成演讲恐惧心理主要有四个事实：第一，并非只有你害怕当众演讲，通常80%以上的人都有临场恐惧症。第二，适度的临场恐惧感是有用的，当你发现自己的脉搏加速、呼吸急促时，别着急，这些都是你的身体对外界刺激的警觉反应，也随时预备好要采取行动。假如这些生理上的反应都在合理的范围内，反而可以帮助你想得更快，讲得更流利，一般说来，都比在正常情况下要显得更有效率。第三，许多职业演说家都承认，他们也一样有临场恐惧感，所以说每个人都有自己无法抗拒的恐惧感。第四，害怕在众人面前演讲，最主要的原因就是还不习惯这种表达方式。只要经过足够的锻炼，恐惧感就会逐渐降低，直到只剩下对你有益的部分，而不致对你有任何妨碍。

只有做好充分准备的演讲者，才会充满信心。林肯说过："我相信，假如我无话可说的时候，我永远也不可能讲得理直气壮。"完全的准备并不意味着把演讲稿的每一个字都记下来，一般来说，写下一些关键字或者大纲就足够了。通篇背诵讲稿的演讲者，不但浪费时间和精力，也会招来不良的后果。因此，如果你几天后有一个十分重要的演讲，那么不妨提前几天做好准备，利用清晨的宝贵时间多练习几遍，准备充分了，演讲自然也能取得很好的效果。

其次，演讲的内容要有力。有力演说有四个原则：第一，找出特别可以谈论的话题。避免谈大而空的道理，要把自己的生活体验、真实感受说出来。第二，对你的讲题感兴趣。并非所有适合你的题目都会引起你的兴趣。这里有个方法，可以帮助你决定某个题目是否适合你发表演讲。假如有人站起来反对你的观点，你是否能信心十足且十分热切地维护自己的立场？假如能够，便表示这个题目适合你。第三，要热切地想要和听众分享演讲内容。历史上，许多有名的演说家都具有如下特质，具有推销能力或传播福音的技术——演讲者都极渴望听众能感受到自己所感觉到的，或是同意自己所提出的看法，然后照着他所想的去做，使他的经验再生。所以演讲者必须以听众为中心，而不是以自己为中心。第四，要让演讲更生动。演讲本身要注意的是主题不要过于分散，多用描述和例证。记住，只有故事才真正具有可读性。演讲时，合理利用对白可以使演讲变得戏剧化。假如你能够模仿当事人说话的语调或语气，效果则会更好。

关于演讲的准备工作，也有以下细节需要注意：

①熟悉场地。争取熟悉你要发表演讲的环境。提早到达并巡视讲台，练习使用麦克风和其他辅助视觉设施。

②熟悉听众。在听众进入会场时向他们致意。向一群友好的人演讲总比对一群陌生人演讲来得容易些。

③熟悉你的讲稿。如果你不熟悉你的稿子或者对它不满意，你的紧张感就会增强。演练你的演讲稿，并且做必要的修改。

④放松自己。做些准备活动松弛紧张的神经。

⑤设想演讲时的情景。想象你自己在侃侃而谈，声音洪亮、吐字清晰、充满自信。

⑥要意识到在场的人们希望你成功。听众希望你的讲话兴味盎然、催人向上且风趣幽默。他们不愿看到你把事情搞砸。

⑦不要道歉。假使你说到你的紧张或为你觉得任何讲稿中感到不妥的地方表示歉意，你就可能是在提醒听众注意一些他们其实并未意识到的东西。

⑧集中注意力在内容上，而不是形式上。把你的注意力从内心的焦虑中解脱出来，转向外在的演讲内容和听众。然后你的紧张感就会逐渐消失。

⑨把紧张转化为积极的动力。要控制你的紧张情绪并把它变成活力和热情。

⑩积累经验。经验会带来自信，后者是演讲取得成功的关键。

还有一些演讲技巧：

第一，善用空间的演讲。

所谓空间就是指进行演说的场所范围、演讲者所在之处以及与听众间的距离等等。演讲者所在之处以位居听众注意力容易汇集的地方最为理想。例如，开会的时候，主席多半位居会议桌的上方，因为该处正是最容易汇集出席者注意力的地方。

反之，如果主席位居会议桌之正中央，那么会议的进行情况又会变得如何呢？恐怕会令出席者注意力分散，且让出席者有会议冗长不休的感觉。因此，让自己位居听众注意力容易汇集之处，不但能够提升听众对演讲者的关注，甚至具有增强演讲者信赖度、权威感的效果。

第二，演讲时的姿势如何。

演讲时的姿势也会带给听众某种印象，例如堂堂正正的印象或者畏畏缩缩的印象。虽然个人的性格与平日的习惯对此颇具影响，不过一般而言仍有方便演讲的姿势，即所谓"轻松的姿势"。要让身体放松，反过来说就是不要过度紧张。过度紧张不但会表现出笨拙僵硬的姿势，而且对舌头的动作也会造成不良的影响。

诀窍之一是张开双脚与肩同宽，挺稳整个身躯。另一个诀窍是想办法扩散并减轻施加在身体上的紧张情绪。例如，将一只手稍微插入口袋中，或者手触桌边，或者手握麦克风，等等。

第三，演讲时的视线。

在众人面前说话，即表示要能接受众人的注视。当然，并非每位听众都会对你报以善意的目光。尽管如此，你还是不可漠视听众的目光，避开听众的视线来演讲。尤其当你走到麦克风旁边，站立在大众面前的那一瞬间，来自听众的视线有时甚至会让你觉得刺痛。

克服这股视线压力的秘诀，就是一面进行演讲，一面从听众当中找寻对自己投以善意而目光温柔的人，并且无视那些冷淡的目光。此外，把自己的视线投向强烈点头以示首肯的人，这对巩固信心来进行演讲也颇具效果。

第四，演讲时的面部表情

演讲时的面部表情无论好坏都会带给听众极其深刻的印象。紧张、疲劳、喜悦、焦虑等情绪无不清楚地表露在脸上，这是很难借由本人的意志来加以控制的。演讲的内容即使再精彩，如果表情总觉缺乏自信，老是畏缩不前，演讲就很容易变得欠缺说服力。

控制面部表情的方法首先是不可垂头。人一旦垂头就会给人丧气之感，而且若视线不能与听众接触，就难以吸引听众的注意。另一个方法是缓慢说话，说话速度一旦缓慢，情绪即可稳定，面部表情也得以放松，再者，整个肢体语言也会舒展开来。

第五，声音和腔调

声音和腔调乃是与生俱来的，不可能一朝一夕之间有所改善。不过语音、语调与措辞对整个演讲颇具影响，这倒是事实。某项研究报告指出，声音低沉的男性比声音高亢的男性，其信赖度更高。因为声音低沉会让人有种威严沉着的感觉。尽管如此，各位还是不可能马上就改变自己的声音。总之，重要的是让自己的声音清楚地传达给听众。即使是嗓音不好的人，如果能够保持自己的主张与信念的话，依旧可以吸引听众的热切关注。

最后说话的速度也是演讲的要素。为了营造沉着的气氛，说话稍微慢点儿是很重要的。不过，此处要注意的是，倘若从头至尾一直以相同的速度来进行，听众会睡觉的。

2.提高你的专业水平

从人体 24 小时的生物钟规律我们可以发现，清晨是记忆的最佳时间。利用这段时间学习你的专业知识，记忆一些你平时要用到的数据及产品知识，会给你的工作带来很大的帮助。

当今社会发展越来越迅速，知识更新和发展的速度也越来越快。参加工作后，提高自己在职场的各种优良素质，具备过硬的专业水平是必不可少的。只有具备了较高的专业水平，再加以培养一些职场的人际沟通方法，才能让你的职场之路越走越宽。

提高专业水平的途径有很多，一是多学习，多读书，多听有关专家的讲座和会议。虚心听取别人的建议，不断吸收与时俱进的、符合自己实际的理念和方法。二是善于总结。总结好的经验，吸取失败的教训。俗话说，不在同一个地方摔倒两次。三是多想办法勤钻研。不同的工作职位需要采用不同的办法，要注重因地制宜。作为一名合格的员工要终身学习，不断提升自己，才能适应不断发展变化的职场要求。

有的人起点并不高，既非名校也不是什么好得不得了的专业，还有一些人也仅仅是大专毕业，但是只要他们有正确的职业发展之路，在职场中不断努力充实自己的专业知识，几年之后他们在职场上的价值便会超过很多当初起点比他们高的人。只要在一个领域里辛勤耕耘而成为这个领域的专精之士，就能够获得和他们价值相匹配的薪酬。

不少人误把经验当作能力，误把学历、知识当作能力，这都是不对的。有的人所谓的十年行业经验也只是对行业有点粗浅了解，有的人做了三年已经有了很深的见识，或者有的人让你感觉，虽然他的经验很不够，但他的那种思维方式很好，按照这个趋势发展下去肯定会有不错的发展。所以，我们人在企业，但不能局限于企业，要有更高的视角。董事长会关注产业,总裁关注行业,总经理关注企业,员工关注职业,你要想成长为总裁或董事长,就要去关注他们应该关注的事情。你要想成为你这个领域的专家,就要不断学习,提高你的专业水平。

3.学习成功者的职场素质

能力是所有用人单位都特别关注的问题。我们说,一个人能不能胜任工作,取决于他的能力。这个能力不仅仅指某一方面,而是多方面能力的综合体现。我们除了专业技能,还应该具备一些其他方面的能力,如持续学习的能力、解决问题的能力、人际交往能力、生存能力、时间管理能力、情绪控制能力等等。学校虽然也注重能力的培养,但由于环境及个人因素等多方面的影响,大学毕业生的能力也仅限于某些方面。踏上工作岗位后,各种各样的问题会随之而至,往往让我们手忙脚乱,应接不暇。这就需要我们加强各方面能力的培养,能力提高了,个人综合素质也就相应提高了,工作也就越做越顺,在激烈的职场竞争中也就能立于不败之地。

职业素质是从事某种职业应具备的基本素质,包含职业兴趣、职业个性、职业技能和职业情绪几大要素,其中职业情绪就是职业情商。职业情商是从事某种职业应具备的情绪表现,职业情商的高低直接决定和影响着其他职业素质的发展,进而影响整个职业生涯的发展。因此,提高职业情商是个人职业发展的关键。

那么什么是情商和职业情商?情商就是一个人掌控自己和他人情绪的能力。从情商的一般内涵来看,情商包含五个方面的情绪能力:(1)了解自己情绪的能力;(2)控制自己情绪的能力;(3)自我激励的能力;(4)了解他人情绪的能力;(5)维系良好人际关系的能力。职业情商就是以上五个方面在职场和工作中的具体表现,职业情商更加侧重对自己和他人工作情绪的了解与把握,以及如何处理好职场中的人际关系,是职业化情绪能力的表现。一些成功的职场人士,往往具有较强的专业能力和职业情商。因此,如果我们也想要在事业上有所成功,就要具备这些成功者的素质,向他们学习,争取每天进步一点点。

很多人之所以成功,正是因为他们每天都比别人多进步了一点点。不要小看这"一点点":灵感,只要一点点,就能让你找到解决问题的方法;智慧,只要一点点,就能让你在危机中发现转机;勇气,只要一点点,就能让你在怯懦中行动起来……

每天进步一点点,比好高骛远来得简单,没有遥不可及的目标,没有声势浩大的气势,可它一样能让你在不知不觉中展翅高飞。一步登天很难,但一步一个脚印就能让你攀登到顶峰;一鸣惊人不容易,但步步上升最终会有出头的那一天;一下子将自己提升一个级别不现实,但日积月累的进步会让你越来越出色……

只要有坚持不懈的精神,哪怕只是每天进步一点点,我们也能有一个由量变到质变的改变,成功也就不再可望而不可即了。学习成功者的职场素质,每天进步一点点,你也一定能成功。

(1) 诚信塑造成功人生

凯瑟琳是一个具有犹太血统的女人,她虽出身名门,但性格孤僻、软弱,一直在家里当家庭主妇。1963年她的丈夫自杀身亡后,她不得不接替丈夫管理他们家族创办的报纸——《华盛顿邮报》。

开始她没有信心,不知如何才能做好。后来一位朋友告诉她:"你只要每天阅读自己报社办的报纸,这样就可以增强自己的信心。"她按朋友说的去做,每天清晨的第一件事就是阅读报纸。一段时间后,她发现《华盛顿邮报》并不是一份最好的报纸,这份报纸有支持政府的传统,经常有一些吹捧政府官员的报道。于是,她就找到工作在第一线的记者、编辑,征求他们的意见。报纸改进以后,成了一份诚实、公正的报纸,许多其他报纸不敢公开的事情,《华盛顿邮报》都敢报道,不久报纸的销量大增。

因对"水门事件"的诚实报道,《华盛顿邮报》名声大振,曾被列为全世界九大报纸之一,被认为是诚实的新闻楷模。凯瑟琳从此成为华盛顿最有影响力的女人以及世界十大女杰之一。

(2) 善意使你的生命更精彩

在一个多雨的午后,一位老妇人走进一家百货公司,大多数的柜台人员都不理她,但有一位年轻人却问她是否能为她做些什么。当她回答说只是在等雨停时,这位年轻人并没有推销给她不需要的东西,也没有转身离去,反而是拿给她一把椅子。

雨停之后,这位老妇人向这位年轻人说了声谢谢,并向他要了一张名片。几个月之后这家店铺收到一封信,信中要求派这位年轻人前往苏格兰收取装满一整座城堡的订单。这封信就是这位老妇人写的,而她正是美国钢铁大王卡内基的母亲。当这位年轻人打包准备去苏格兰时,他已升格为这家百货公司的合伙人了。

这个年轻人的成功,就在于他比别人付出了更多的关心。一个简单的举动和话语,却体现了一个人的关心和真诚,这会给人留下深刻的印象。善意的力量是无穷的,它带人进入崇高的境界。

(3) 豁达是一种境界

楚庄王时,大臣斗越椒起兵谋反。楚庄王听后,赶紧带兵平叛,几经辛苦,楚庄王平息了这场动乱。

平叛后，楚庄王大摆宴席庆贺，他说："今天叛贼死了，国内平安，我们这个宴会就叫'太平宴'，大家尽情吃喝，玩个高兴。"大家一听十分高兴，就边吃边喝，边喝边说，直到日落西山，仍不尽兴。楚庄王一看，就叫人点上蜡烛，继续玩乐，并让自己最宠爱的妃子许姬给大臣们敬酒。这时，忽然一阵风吹来，蜡烛吹灭了，管灯的赶紧去取火。其间，宴席中有一个人，见许姬长得很漂亮，就乘着酒兴，趁蜡烛灭时，伸手拉住许姬的衣袖。许姬大吃一惊，赶紧用左手把袖子扯回，同时右手把这个人帽子上的缨花拔了下来，吓得这个人赶紧放手。

许姬拿着缨花走到楚庄王跟前说："我去给大臣敬酒，没想到有个人竟然对我无理，趁黑扯我的袖子。我已经拔下了他头上的缨花，只要蜡烛一亮，您就知道他是谁了。"楚庄王连忙对大臣们说："今天这个宴会，大家都把帽子和帽缨取下来，喝个痛快。"等到大家都把帽子脱下来，楚庄王才叫人把蜡烛点亮。这样，到底是谁扯许姬的袖子就不得而知了。

宴会散后，许姬责怪庄王不逮住那个扯她袖子的人，楚庄王笑道："酒后失态，是人之常情。今天我们是要图个高兴，如果因此而惩罚那人，会伤大臣们的心，这就违背了我举办这个宴会的本意。当然，你也不要介意了。"

后来楚庄王率兵攻打郑国，副将唐狡特别勇猛，率领一百多人一直打到郑国城下，最后取得了战争的胜利。楚庄王听到这个消息，就把唐狡找来，要重赏他，但唐狡说："上次在宴会上，扯许姬袖子的人就是我。感谢您的不杀之恩，今天我舍命以报。"

豁达是一种博大而深邃的胸怀，是人类的最高美德。在职场中与人交往时，要学会豁达，才能得到更多人的尊敬和帮助，成功的道路才会更加平坦。

（4）要看清自己的位置

有一天，一个男孩问迪士尼公司的创办人华特·迪士尼："你画米老鼠吗？"

"不，不是我。"华特·迪士尼说。

"那么你负责想所有的笑话和点子吗？"

"没有。我不做这些。"

最后，男孩追问："迪士尼先生，你到底都做些什么啊？"

华特·迪士尼笑了笑回答说："有时我把自己当作一只小蜜蜂，从片厂一角飞到另一角，搜集花粉，给每个人打打气。我猜，这就是我的工作。"

华特·迪士尼先生对自己在团队中的位置非常清楚，知道自己在团队中处于核心地位。人在加入一个团队之后，应该做的第一件事不是翻阅文件、承接任务，而是寻找自己的定位，找准自己的位置。

（5）服从是领导之母

服从是一种美德，职业人必须以服从为第一要义，没有服从观念，就不能在职场中立足。每一位员工都必须服从上司的安排，就如同每一个军人都必须服从上司的指挥一样。没有服从理念的员工也不能成为真正优秀的员工，无法向自己的人生目标迈进。所以，要把服从作为核心理念来看待。老板就是老板，员工就是员工，服从是第一生产力。

服从的角色，就是遵循指示做事。服从的人必须暂时放弃个人的独立自主，全心全意去遵从所属机构的价值观念。服从就是100%的接受。

①服从面前没有面子：面对上司，要理由少一些，行动多一些。当一些主管接受一项工作任务的时候，要让交代任务的人先走开，留下一段时间让自己想想。其实，他们这样做的主要原因就是好面子。这种情况在部队里绝不会出现，一个命令下去，第一时间就要展开行动，实际上，在服从面前没有面子。

②服从要直截了当：服从还要讲求直截了当。就像有人戏说在家怕老婆的人在政府、在企业里才能当官，这个观点其实有其非常正确的一面。因为"在家怕老婆"意味着对老婆总是恭敬不如从命，如果在家能"怕"老婆，可能这个小伙子或者这个男人能够放下面子，而且做事直截了当。

③先接受再沟通：有的人在主管安排工作的时候，马上就列出一堆理由证明有多大的困难，任何领导都不喜欢。不管你有多大的困难，先把分配给你的任务接受下来再说。困难可以在会后去跟主管沟通，不要在会议上提出反对意见，首先是因为主管的工作是成系列的，你只是其中的一环，不能因为你影响到主管工作的推进；再者，主管将任务指派给你，包含了他个人的判断，而你认为会有什么困难，那只是你的判断。

④马上按指令行动：就像军队里的士兵一样，人随命令而动，不能有一时一刻的延误。比如，主管责备下属连一张采购单都会写错，下属应该马上承认错误并且马上纠正错误，这就叫"马上按指令行动"。

六大能力

一、人生就要不断精进

我们说有句话讲，活到老学到老。学习力很重要，当然学习转化力更重要，学以致用的能力更重要。有很多人喜欢学习，但是学的东西没用，或者学偏了，或者没有转化，那就没有意义，所以这个能力很重要。这就是学习的转化力，首先这里面包括了学习力，更重要的是转化力。每一个人都是一样的，比成功更重要的是成长，比成长更重要的是持续成长。每个人都可以是成功者，那么成功不是跟别人比，是跟自己比。如果我们的今天比昨天好，明天比今天好，持续不断地成长，其实就是成功，所以每个人都可以是成功者。成功的定义就是不断超越自己日日精进，那么成功的背后，日日精进的背后，就是要有持续学习的能力，还有持续转化的能力，才会有持续成长的能力。这个世界变化很快，尤其现在的商业社会变化很快，世界上唯一不变的就是变化，每天保持与时俱进，只有这样，才能够仰望星空，才能够让我们每个人看得更远。我们每个企业能够提前看得到我们的趋势、我们的行业、我们的产品、我们的时代，这些趋势才能够真正地让我们仰望星空，持续地做正确的战略，去引领企业的发展。我们说学习，学习很重要，学习当然不是目的，学以致用，才是它真正的意义。回想这么多年，从2008年开始创业，我基本上每年都会花一定的预算，以及用一些时间去参加不同的学习和培训，当然会根据自身的需要，每个企业每个阶段需要的能力是不一样的，学习能力是不一样的。我们刚开始创业的时候，可能需要的是管理能力，还有战略能力，那么发展到一定阶段，我们在营销的方面，需要学习市场的能力、会务营销的能力，然后慢慢地，我们要做强，要做好管理。比如说，对公司的薪酬价值考核的学习，还有线上网络营销的学习。然后在发展的阶段，团队大了要做股权激励的学习，而且通常我们可以讲经营的能力，管理能力，做销售的能力，做会务营销、做演讲的能力，做培训的能力，包括我们后面发展到做股权激励，包括公司的这种真正的团队建设、管理薪酬、文化机制的一些能力，包括商业模式，所以这些都是我们做企业的人，要去学的。这些能力对于企业都是非常重要的，我们在不同的阶段要学习不同的东西，然后不断地转化到自己的企业里去融会贯通，学以致用，不断地去调整去优化。一个人的成长，他背后一定是他的学习力，这种学习也是必要的。

当然，这里面我们说学习转化力，还有一个能够让自己提升的能力，就是说我们有一个学习路径，然后转化以后再做总结、分享、改善，这就是一个循环。所以，我们要不断地出去学习，学以致用，不断地总结，不断地传播出去。这些年来，我也不断地去给一些其他企业，包括我们的客户做一些转化的总结，实践输出。你越输出、越分享、越快乐、越成长，这也是一种转化力。

·精益学习使自己不可或缺

知识经济时代，知识的创造、拥有和转化越来越成为制约企业发展的核心因素，因此，精益学习的员工将日益成为企业的宝贵财富。他们善于学习、勤于学习，能够跟上时代的步伐和企业的需要，为企业创造最大化的价值，同时也在财富的创造中不断地提升自身的附加值，使自己成为企业不可或缺的人才，实现了自我价值。而没有知识的员工、不善于学习的员工在企业的生存空间将越来越狭小，获得职业成功的概率将微乎其微，被淘汰出局将是不可避免的结局。

职业化的员工必须要树立危机意识、终身学习的意识，要抛弃"一次学习、终身受用"的传统观念，将学习贯穿于职业生涯的始终，贯穿于生命的全过程。学习是没有终点的旅行，学习是没有穷尽的探索。人们常讲：少而好学，如日出之阳；中而好学，如日中之光；老而好学，如秉烛之明。如果你长期不学习，就会如逆风撑船不进则退，你原有的知识、技能就会老化、退化，就难以适应工作的需要，你在企业的价值就会贬值，进而遭遇被淘汰的命运。

有人说我有文凭，我有高学历，这只是你进入职场的通行证，而非职业能力的保险单。它代表的是你的过去，不是你的现在，更不是你的未来。

在知识经济时代，企业的竞争归根结底是员工素质的竞争，而员工素质的竞争，核心是员工学习能力的较量。

所谓学习能力就是指对知识充满好奇心，能积极主动、有计划地学习和实践，调整知识结构、提高知识存量、提升专业技能，并将所学知识技能灵活运用到工作实践中，创造良好业绩的能力。

学习能力的强弱是现代企业衡量员工职业能力高低的一个重要的尺度。学习能力强的员工通常会有这样的表现：

1.对新知识、新方法、新技术抱有强烈的好奇心和学习欲，并勇于尝试。

2.善于抓住和利用各种学习的机会和资源充实自己。

3.设有明确的学习目标，并付诸行动，愿意付出更多的时间和精力。

4.善于分析、总结成功的经验和失败的教训。

5.尽量保持自己的专业水平处于行业或企业内部的领先位置。

6.以积极的心态，乐于征得和接受他人的批评、意见、建议。

· 学习是开启成功之门的钥匙

善于学习是绝大多数成功者必备的素质。成功者与平庸者或失败者的最大区别是他们用心，努力在机会出现前做好充足的知识、技能和经验的储备，当机会出现时才不会让它与自己擦肩而过。而有些人虽然肯吃苦、肯卖力，但因知识和经验的准备不足而错失成功的机遇，无法品尝成长的喜悦和快乐。学习是成长的阶梯，是成功的发动机。

知识经济中的一切成功无不与学习相关，所以我们每一位员工倘若想实现自己的梦想，成就辉煌的事业，第一要诀就是学习、学习、再学习。勤于学习的人，就是选择了进步，也就是选择了希望。

· 书籍是掌握好人生航舵的绝妙手段

戏剧大家莎士比亚曾经说过："书籍是全世界的营养品。生活里没有书籍，就好像没有阳光；智慧里没有书籍，就好像鸟儿没有翅膀。没有阳光的生活、没有翅膀的鸟儿令人顿生恐惧。书籍是我们生命中的重要组成部分，为我们带来了希望，为梦想插上翅膀。知道读书重要性的人是明智的，懂得用知识改变命运的人是聪明的，而知道怎样读书的人才是最聪慧的。"

的确，书籍是知识的宝库，是人类的精神财富。当你迷惘时它会为你指点迷津，当你意志低沉时它会激发你的勇气和热情，当你居功自得时它会教你冷静和淡定。

人生中许多的经历往往有惊人的相似之处，许多事情都是重复的。正如著名杂文家陈四益所言，读书可以使我们知道："许多事情，过去有过；许多问题，前人想过；许多办法，曾经用过；许多错误，屡屡犯过。多读书，就会更多地懂得先前的事情，使自己不至于轻信，不至于盲从。"

可见，读书可以明智，读书有助于我们登上成功的阶梯。

犹太人可以说是世界上公认的聪明的民族，涌现出众多优秀的思想家、科学家、艺术家和商业奇才。马克思、爱因斯坦、门德尔松等就是其中杰出的代表。犹太人优秀的基因与犹太人非常重视孩子的读书学习关系很大。在犹太人家里，小孩子稍微懂事，母亲就会翻开书，滴一点蜂蜜在上面，然后叫孩子去吻书上的蜂蜜。这种仪式的用意是，书本是甜的。犹太人的读书量在世界上是首屈一指的。以色列各村镇大多建有环境高雅、布置到位、藏书丰富的图书馆或阅览室。热爱学习、崇尚读书的氛围，塑造了犹太民族独特的聪慧气质和令世人艳羡的伟业。

其实每一个成功者都是有着良好阅读习惯的人。世界500强大企业的CEO至少每个星期要翻阅大概30份杂志或图书资讯，一个月可以翻阅100多本杂志，一年要翻阅1000本以上。

如果你每天读15分钟，你就有可能在一个月之内读完一本书。一年你就至少可以读12本书，十年之后，你会读过总共120本书。

莫等闲，白了少年头，空悲切！从现在开始行动起来吧！

·工作是最好的学习场所

很多人走上工作岗位以后，满足于职责范围内的工作任务，从事简单工作的人甚至会发出无聊、没劲的慨叹，总觉得在工作中没什么可学的。事实真的像他们所说的那样吗？绝对不是。觉得工作中没什么可学的真正原因是他们缺少对工作的倾心关注，缺乏对工作中存在的问题的深入探究，缺乏在工作中对学习机会的发现和把握。

人的成长过程大部分是在职场中度过的，因此，我们必须学会在工作中学习，在工作中成长。

工作中不是没有什么可学的，只要你用心观察，仔细思考，学习的机会无处不在。如果你不是学本专业出身，那么岗位的专业知识、专业技能和实践经验都是需要你努力学习的。即便你是本专业出身，知识的运用、转化也非简单之事，实践经验的获得更需要我们用心地观察和体会。满足标准只能算是合格，用心才能做到优秀。

·向他人学习使你步入快车道

向他人学习是我们职场成功的一条重要的途径。应学习他人的经验，学习他人的智慧，学习他人的教训，学习他人一切可以作为借鉴的东西。大量的事实告诉我们，善借外智，才能挣脱局限、开阔视野；善借外力，才能少走弯路、攀上高峰。

虚心向他人学习，是人完善自己最简捷、最经济的途径，不用交昂贵的学费，就可以拿来别人的东西为己所用。但我们发现，人往往年纪越长越易固执，常常囿于习惯，囿于面子，或囿于惰性而不愿向他人学习、求教。他们不明白，在这个世界上，只有两种东西是越分享越多的，一是知识，二是智慧。所以，我们一定要学会分享，学会随时随地真心地、虚心地向别人学习，不要错过任何促进自己成长的机会。

向他人学什么？学知识、学方法、学经验。

向他人学习的原则是什么？有益、有用。

向谁学习呢？请拜"四师"。

能者为师：向知识、技能、经验、为人处世等一切方面强于自己的人学习，哪怕是细微的一点点。

·学以致用，化知识为能力

以前我们常说"知识就是力量"，其实，知识本身并不是力量，只有经过分类、加工、整理、吸收、消化了的知识才具有力量，而这个过程就是知识转化为能力的过程。学习知识不是目的，学以致用方为学习的核心价值所在。

知识是一种无形的资产，是我们发现问题、分析问题、解决问题的工具。只有学以致用，把知识转化为职业能力，发现、解决了工作中的问题时，它才能创造财富，体现人的能力和价值。作为企业的员工，我们要注重知识的累积，更要重视知识向职业能力的转化，只有学以致用才能创造出现实的成果，才能体现出人的职业能力。

二、做正确的选择与决策

人的一生更重要的是选择，是创造或者抓住机会选择，我总结出来就是人的一生等于选择加上机遇。人可能一生都要做很多次的选择，而这些选择让我们的人生或者企业，都会变得非常的重要。你在十字路口的时候，会做出正确的选择，那么接下来的路是不一样的。当然，剩下的是一种机遇，在你努力的情况下，还有你的善心，你内心的正能量。努力的基础上，你做对了，选择符合趋势，你接下来再通过自己内心善良的正能量，包括自己的个人努力，一定会有好的机遇。所以，我想人生就会带来一些福报。回想我自己的一生中，我觉得大学里面大二的时候做了一个非常正确的决策，就是出去打工，因为暑假出去打工这个选择改变了我的职业。我本身是学机械的，正常的话，毕业以后肯定是找份技术工，可能后面就没有这些年的精彩。职业第二个选择，可能是选择来上海。上海，对于我来讲，是改变了我一生的最重要的平台，因为一个城市，它的平台是很重要的。上海，它代表的是国际化大都市。2002年来到上海，就是我非常重要的一个选择。第三个选择是2008年选择出来创业，我觉得这个更能够激发出自己的能量。第四个选择是改变了自己的职业，我们在2015年的时候又选择自己创业，做自己的品牌，这个选择改变了自己的事业格局。这个选择对于我的一生是非常非常重要的，我这一次次的选择能够让我这一生都在电机行业发展。选择永远是大于努力的，当然努力是基础，选择很重要。人们所有的成功其实都是机会的成功，我们个人的能力是比较渺小的，一定是顺势而为，那么一个人的行为取决于内在的价值观的决策判断力。其实每个人一生中大的决策可能就十个左右，小的这种决策称为判断，每个人的判断力也很重要。员工也是一样的，我要不要上班，这其实也是你的一个角色判断，而我要去哪一家公司上班、做什么行业、在哪里、要不要在这家公司上班、早上要不要准时起床、今天要不要努力工作，这些都是我们的判断。其实每天这种判断做出几十次几百次，这种判断的内在实际上是价值观的驱动。

所有的总决策判断力取决于我们的能力。因为这个能力，它的背后一定是你的价值观在驱动，当然你的价值观跟你内在的心态，还有内在的学习力有关。如果你的知识面不够，或者说你被人家误导了，或者你的环境不对，圈子不对，那你的价值观是错误的，你是负能量的，很难做出一个正确的决策和判断。所以这里讲的能力决策判断力，背后的能力肯定是学习力，还有你的价值观、你的思维。

·决策思维，指点迷津

1.找到决策思维的撒手锏

21世纪是信息爆炸的时代，面对着这个变幻莫测的世界，人们每天都要做出许多的决策，这些决策或大或小，都与人们的生活息息相关。人们的任何决策，其实从本质上来说都是人们复杂的思维过程。所以，在面临决策时，人们应当知晓决策思维的重要性，也应该寻找到决策思维的关键点是什么。

可以说，你拥有怎样的思维，就拥有怎样的做事方式。如果你的决策思维不合理、不科学，那么你就会发现自己总是停留在错误决策上，这就是思维的局限。思维与眼界、格局、习惯和经验都息息相关，也受到一个人性格的影响，所以不同的人对同样的问题，思考方式是不一样的，做出的决策也不一样。

好的决策思维应该有前瞻性，能够"走一步看十步"，除了前瞻性之外，它还具有辩证性和实践性。决策思维首先是对尚未付诸实践的若干个可能实践目标和方案进行比较、选择和确定的一种思维活动，对未来的实践有指导性；其次，决策思维对当前进行的工作也有影响，思维不同，你看待当前状况的想法也是不一样的；最后，方案一旦付诸实践，也需要决策思维参与，决策者要根据实践中反馈回来的信息，进行方案甚至目标的修正与调整。

由此可见，一个好的决策，始终需要决策思维参与，因为决策思维能够指导决策者去思考，思考决策结果的好坏，思考自己的决策行为是否合理，思考当前的情况有没有达成之前的规划目标，以便最终做出最优质的决策。

由此可见，决策思维存在于每时每刻，无论是对团体还是个人的发展都有着较为深远的影响。

决策者做决策，应该运用决策思维充分思考每一个决策环节，使决策的合理性、有效性均能保证，并构建一个可行的决策方案，以便做出的决策利益最大化、损失最小化，从而达到最佳的决策结果。

不同的决策者，在做决策的过程中的习惯思维和决策方式是不一样的。具体来说，理性决策者，重在运用决策思维分析问题；而感性决策者，不太注重决策思维的反复验证，他们更注重自身的经验与直觉。正是因为决策的方法不同，做出来的决策结果也是不同的。不论是哪种类型的决策者，也不管运用哪一种方式做决策，做出的决策结果都要符合事实依据，否则就是异想天开的决定，压根不是合理的决策。

在通常情况下，一个高质量的决策思维做出的决策结果，是理性与感性的统一。

（1）决策思维应该客观

过于主观的思考方式，会让人失去理智，无法中肯地去判断一个问题，也就不容易做出正确决定。所以，我们应该冷静思考、客观评判，从实际去判断一个事物的对错或者价值，不要脱离实际，更不能仅仅依凭自己的想法和感情，那样很容易让人发泄了情绪却最终吃亏。

（2）决策思维应该注重信息

信息化的时代，如果你的思维模式还没有重视起"信息"，说明已经落后了。

除非是非常具备开拓创新性的决策，你可以说一句"一点可以参考的信息都没有"，否则你就一定要在决策时多思考一下已有的信息，才能够在现有的信息中获得指导。很多时候，决策其实就是在获取信息、处理信息，最终得出信息。

（3）考虑经济性，是决策思维的要点

不想挣钱的商人不是好商人。一个决策思维，一定要考虑到经济价值。当然，经济价值并非只是单纯"赚钱"，而是指你的思维应该关注到成本和产出，一定要清楚地分析并了解这一决策需要花费的成本，也知道能够获得多少收益，在全面考虑过之后再去做决策。

（4）决策思维要系统

一个人如果思考问题不系统，很容易出现逻辑混乱的情况。什么叫系统性的思维呢？

我们可以用一个生活例子来简单说明一下，如果你是一个会做规划的人，可能会将未来一周的事都规划好，知道每天应该做什么，而一周之后，每天的工作结合起来就能让你完成一个大项目，这种统筹规划的能力就比较系统。

还有的人看问题不系统，一个大项目给了他，他永远着眼于部分，眼前的事情倒是都能做好，但是从整体角度看，就毫无规律、没有逻辑，可能先做了第一个阶段的工作，然后又去做最后一个阶段的工作，这就是没有系统观念。最终，这些工作一定会变得很杂乱，不容易梳理，也不一定能让你得出结论。

所以，思维模式一定得有系统性。

（5）会预测，决策思维要有前瞻性

想从决策中受益，往往需要做出别人不敢做的决策，看到别人看不到的地方，所以有预测能力和前瞻性，是决策思维重要的一面。

拥有前瞻性的预测思维，就是通过对现有的信息进行客观分析，以科学的手段来推测将来可能出现的情况，并且选择最可能发生的一种。一个人在决策过程中有没有预测思维，将表现在他能不能预判，预判的结果对不对得上，如果不具备这一思维，会经常做出失误的判断。

（6）会选择，决策思维要有选择性

会选择，你的决策才能真正实现。在决策过程中，我们可以设定一个目标，也可以通过制订各种方案的模式来实现这个目标，而这个过程一定需要选择。你要选择什么方案是最有效的，你要选择一部分并且舍弃另一部分，选择在决策过程中无时无刻不存在。所以，一个没有选择思维，在选择关头不理性、不思考、不干脆的人，做出的决策往往也没有什么效果。

如果你的思维缺乏选择性，很容易在优柔寡断之中浪费时间，或者因为不懂选择，所以随便挑选了某个方案去实施，导致事倍功半，无法达到好的效果。因此，在做决策的过程中，要始终有"慎重选择"的想法，这也是思维中重要的一部分。

2.让问题开启好运

管理大师明茨伯格说过："管理者有的时候更像是杂耍表演者，管理者们提出的各种问题就是表演者抛出的球，这些球总会落下来，然后再次被抛上空中，而这个过程里，也会有新的球加入进来，有旧的球被抛到一边。管理也是如此，不断有新的问题出现，也有旧的问题被解决或者排除掉。"

可以说，决策的过程也是解决问题的过程。我们之所以会做决策，主要是因为我们想要找出一个好的方法去应对现实的问题，需要从问题中闯出一条出路，做出对我们比较有利的选择。而在这个过程中，我们不断提出新的问题，解决掉旧的问题，从问题当中"去伪存真"，找到真正影响结果的那些重要问题，筛选掉不必要的小细节。

所以，做决策不要怕有问题，越是有了问题，就越是意味着你有了创新、前进的突破口。

出现问题并不可怕，只要我们能够正确地面对问题、阐释问题，或许就可以把问题转化为机遇，并从中得到益处。就如同爱因斯坦说的那样："机遇往往隐藏在困难中。"不管当下的局面看起来有多糟糕，只要我们静心思考，懂得从另一个角度看问题，就能够从问题中发现机遇。

在决策过程中，问题的出现并不受我们个人的控制，不管你喜不喜欢，它该来的时候总要来。但如果想要很好地解决这个问题，就不能采取消极应对的方式，而要主动出击，积极行动。你要相信，问题的出现并不是你的绊脚石，而是助你变得更加强大、锋利的磨刀石。

正确看待决策问题，善于从问题中找到机遇，展现个人的价值，是一个高明决策者的必备技能。这个世界上之所以有人成功了，有人失败了，并不是因为成功者没有遇到过问题，而是在遇到问题时，他们会永远走在寻找解决方法的路上，而失败者却只是把问题当成自己失败的借口。

3.让有意义的选项发光

不管做什么事情，我们都应该明白"轻重缓急"，做决策也是如此。一个好的决策，不可能每一部分都是重点，一定要烘托最有意义的部分，去抓住最吸引人眼球的项目，而不是"雨露均沾"。记住，一定不要舍本逐末，而是要让有意义的选项"发光"，你的决策才有效。

决策者在实行某一项决策时，要去选取一项有特殊意义的、较为重要的元素，投入更多的精力去经营，这样才能让整个决策更具价值。决策者在做决策的过程中，要运用自身的决策思维让有意义的选项发光，使那些发光选项更好地为决策服务。

当你做决策的时候，很容易面临这一情况，依据一定的数据信息，最终可以得出两个或是多个结果或方案，每一个都符合你的要求。在这种情况下，难道真的可以每一种都用吗？显然那不能，你要从众多的选项中挑选出一个最有价值的，这就是让有意义的选项发光。取舍思维，在决策过程中是必须重视的。

大多要运用一定的决策思维，对所做的决策进行价值判断、价值取舍，在这个基础上做出来的决策，将是更加精简的。所以，决策思维中运用到的取舍思维，直接体现决策者的方案水平。注重决策思维的运用，对找出更优质的决策方案有很大益处，也更能体现决策者的决策水平。

决策是人们做事的第一道关口。不论是个人做事，还是企业做事，都需要通过一定的途径找到适合自己或企业向前发展的决策，这类决策直接关系着个人或企业的生死存亡，因此不得不认真对待，尤其是制定的决策中一定要有能"发光"，能抓人眼球的东西，使整个决策更具价值意义。

说简单点，如果你要做一个决策，要强过别人或者吸引他人的关注，做到每一项都比别人强，基本上是不可能的。在这种情况下，与其将所有的精力平均分散开，让你的决策在每一个方面都不过不失，不如全神贯注打造一个优势项目出来，至少能保证你的决策在某一项上傲视群雄，那就一定会吸引有这种需求的人。

要想选出最具发光性质的决策选项，要求决策者的知识广博、经验丰富，对事物有极强的分析力、判断力。当决策人具备这方面的能力时，便能很快地从众多选项中找出最具意义的发光选项，从而为己所用。

决策人做决策，需要明确决策方向，从决策方向中找到决策人应当担负的使命。你要知道，决策人做的决策因什么而立足、未来要实现怎样的决策战略、所做的决策应具备怎样的价值取向。具备这些决策要素，做出来的决策更有价值意义，更能使所做的决策选项发光，甚至更耀眼。

决策人要让有意义的决策选项发光，决策思维是不可或缺的决策工具，合理运用这个决策工具，对决策人找到决策要素、决策方向、决策亮点，有良好的促进作用，也对决策人未来的发展动态有最为直接的助力。所以，决策人要善于珍惜每次决策机会，并做出客观的、有价值的、高效的决策，以此提升决策质量。

4.想象力让你脑洞大开

决策一定要有想象力,人们常说"心有多大,舞台就有多大",一定的想象力至少能给你一些有闪光点的想法,这些想法很可能就会启发你做出有意义的决策。

有时,在你意想不到的时刻,会出现令你措手不及的事情。此时此刻,就需要你在紧要关头做出关键决策。所以,在做决策时,不要低估你的想象力,合理的想象力,会让你脑洞大开,甚至获得意外的收获。

当决策者拥有超强的想象力,在想象一个问题时,更容易脑洞大开,这对决策者收集更多的决策信息,完善决策数据,制订优质决策方案,有一定的促进效果。

决策思维是引导想象力迸发灵感的关键。那些聪明的决策人,都会借助于决策思维这个功能,探索人的想象力带来的意想不到的良好决策。合理地运用决策思维,对决策人充分运用想象力把握最佳决策结果,探寻最高效的决策规律有益处,使决策者做出的决策更具科学性。

决策想象力的开发可以有一些小技巧:

(1)在决策的过程中,始终牢记要有想象力、要思维活跃

决策者在做一项决策时,收集数据、分析问题、解决问题,是必须做的一个环节。有时,决策者在分析一个问题时,会出现灵感受限的情况,这时,就需要决策者大胆打开想象的翅膀,多方面寻找信息,以便为决策者提供思考方向,得出合理的决策方案。

(2)不要被固有思维所禁锢,才能创造出新东西

打破想象力的枷锁,使决策方案更具创造力。有时,决策者在想象一个问题时,会因为想象力被思维固化住了,以至于难以搜索更广阔的信息,想出来的决策方案也是不尽如人意。在这种情况下,需要决策者打破常规的想象力,敢于运用天马行空的想象,来获取各种见解与思路,以便决策者所做的决策更优质。

(3)平时多接触新事物,打开想象力通道

想象力,与决策者的天赋有关,也与决策者有没有持续不断地接受新事物有关。当然,想象力丰富的决策者,能够运用想象力获得快速做决策的捷径。但是,那些想象力欠缺的决策者,就需要通过接触新事物提升自己的想象力,以便做出更精准的决策。

(4)多提问题,能为决策者的想象力加分

我提升自己决策想象力的办法就是这样,不仅多给自己提问题,而且将每一个小问题都记录下来,并不因为它太小了就不以为意。然后,才会因为积累问题、思考问题而联想出更好的解决办法。有时,决策者对一个决策方案冥思苦想,却想不出好的应对办

法，就需要改变策略对自己适当地提一些问题，引导自己寻求更多的决策信息，从而做出高水平的决策。

（5）到室外走一走，增加想象力

当思维受限，想象力固化时，决策者可到室外走一走，一是放松心情，二是有利于在散心的过程中见到一些新元素，增加想象力的宽度，最终运用思维与想象，做出最合适的决策。

（6）善于从不同渠道中，打通想象力的想象空间

决策者在决策一件事情时，遇到某个问题，有时怎么想也找不到出路。这时，就需要决策者暂时放下手里的事情，不妨去书籍里、影片里寻求灵感，也许这种做法能帮助决策者想到决策的点子，找到决策的出路，从而实现最佳决策选择。

5.给思维一个说法

在做一项决策时，需要决策者充分考虑决策事件的重要性、复杂性，以及做出这项决策以后对后续事件会不会产生不良影响。说到底，也就是决策者在做决策时，要给自己一个合理的说法，让自己的思维能够正确地诠释决策。

良好的决策思维，是决策者的一笔无形财富，也是决策者制订出优质决策方案的关键所在。决策者要懂得珍视并培养自己的决策思维，让自己的思维更强大，这对更好地运用思维，解决各种各样的问题，制订出优质决策有决定性的意义。

做决策，实际上就是决策者运用一定的思维方法，去寻求可行的决策方案。决策者思考的思维方向，就是探索决策方案的方向。当决策者重视自己的思维，懂得以最佳的方法来运用思维，那么做出来的决策精确度就会很高，反之，决策精确度就不尽如人意了。

作为一名决策者，不论做哪方面的决策，都应透过事物的现象来分析本质，在分析的过程中，应借助一定的决策思维，经过全面的辩证，探索出一个可行的决策方案，以便为己所用。

（1）决策思维，应注重系统性

决策思维的系统性，就是把客观事物的普遍现象有序地表现出来。决策者做决策时，会面临诸多问题，而军事问题、经济问题、文化问题也是不可忽视的方面，做决策的过程中，运用一定的思维方式把它们融入决策方案中，这对做出高品质的决策有益处。

（2）决策思维，应注重战略性

决策者在做决策时，需要站在一定的高度上，审时度势地分析决策项目的战略性。

战略是否有远见，体现在决策者思考问题时，有没有着眼于大局。并且，要运用决策思维把局部融入大局中，使做出的决策更具长远的战略性特征。

（3）决策思维，应注重预见性

做决策，最重要的便是体现出决策的预见性。预见性，是正确决策的前提条件。正所谓"凡事预则立，不预则废"，说的就是这个道理。决策者做决策时，力求科学正确，这是做出高明决策的关键，也是决策者决策水平的体现。

（4）决策思维，应注重创造性

做决策的过程中，用创造性思维思考问题是决策者的明智表现，而用创造性思维探索决策结果的过程中，中规中矩的决策已很难达到决策者的理想需求。

（5）决策思维，应注重可行性

可行性，是指运用自然科学和社会科学的手段，寻找能达到决策目标的一切方案，并分析这些方案的利弊，以便最后抉择。可行性分析是运用一定的决策思维手段，重点把握决策中的核心元素，以便做出优质决策。掌握决策的可行性，必须认真研究分析制约因素，包括自然条件的制约和决策本身目标系统的制约。可行性在决策环节中的具体要求，就是在考虑制约因素的基础上，进行全面性、选优性、合法性的研究分析。

（6）决策思维，应注重利用外部智囊团来实现

决策者在做决策时，会不可避免地遇到"谋"与"断"的问题，由于决策者处于当局者的局面中很难看清一些问题，这时就需要决策者借助外部的智囊团来帮助自己实现科学决策，以便做出更客观的决策。

·企业决策，为经营加分

1.理解他人意图，做明智决策

在一个团队中，决策者高效地理解他人意图，对做出最佳决策有直接的价值意义。决策者在做决策时，会不可避免地与团队探讨决策方案，在探讨的过程中，会接收到各种各样的数据信息、价值意见，如何取舍，就在于决策者有没有真正理解团队成员的核心意见，能够深刻领悟要点，做出最明智的决策。

合作，是团队决策和个人决策之间最大的差异。个人决策与团队决策相比是有一定劣势的，所以更要谨慎小心，就是因为个人的力量永远不如团队更平衡，容易受到个人情绪的影响导致决策失误，但是一个听取团队意见的领导者，在做决策时就会更理智一些。

决策者在做决策时，不论是对人，还是对事物，都需要高效理解影响决策结果的一系列价值理念，理解团队成员的意图，理解事物的本质现象，以帮助决策者更好地找到问题所在，从而做出最佳决策。

（1）主动理解团队成员的意见，做出有价值的决策

不论是何种级别的领导，与团队成员探讨决策意见的环节中，一定要高效理解每一位成员的核心价值，并就最核心的价值意见，与众人细致地分析问题、探讨问题，最终做出最具价值的决策结果。

决策者在对某个项目做决策时，免不了要倾听决策层成员的意见，有的成员对一个问题表述得十分到位，有的成员却因为对问题认识的局限性，以至于阐述的意见主题不明确，很难让人抓住要点。这时，就需要做决策的拍板人就某个阐述不到位的问题进行引导，使阐述问题的团队成员完善相关要点。这样做的目的，有利于决策者更好地挖掘决策的核心价值，到位地理解每个团队成员的意见，最终做出明智决策。

（2）聪明的决策者，更注重自身能力的提高

企业里的决策者，除了每天要处理工作中各种各样的事务，还需要在业余时间提升自己的能力。当自己的能力提高了，在做决策时，思维会更开阔，做出的决策才会更有价值。

2.团队决策，要一针见血

团队决策，应注重高效。好的决策者，十分重视团队的智慧，在做某个决策时，要善于吸收团队成员的力量，并做出高水平的决策。

企业管理层的决策者，会做很多业务项目，也会涉及很多项目问题，几乎每一个项目都会涉及"十万个为什么"，并要求决策者拿出可行的决策方案，才能把项目中的业务问题搞定。在这关键时刻，就需要管理层的决策者聚集所有的管理层人员在一起商定决策方案，不论是对业务项目的优点，或是缺点，都应进行论述，以商讨出一个可行的决策方案。企业管理层的优质决策方案，应融合管理层人士的不同智慧，商定出的方案要照顾到业务项目的方方面面，且对业务项目的某个重点问题，能够一针见血，使做出的决策更有针对性、可行性。

一个企业要想有所发展，决策者应具有独特的眼光，能够从复杂的市场中找到顾客的需求。当决策者得知客户的需求后，要用自己的智慧与团队的智慧共同为企业出力，站在顾客的角度，思顾客之所思，想顾客之所想，以制定出符合顾客需求、符合企业发展的决策方案，以引领企业的向前发展，从而使决策者成就非凡事业。

（1）企业管理层的决策，应具有竞争力

企业管理层的决策，对某个业务项目的决策，应包含同行业中最核心的竞争力，具体体现在执行流程、产品质量等方面，把这些因素考虑到决策的竞争力中，将会大大地推动企业的向前发展。

（2）企业管理层的决策，应具有认同感

企业管理层的决策，所做的每个项目决策，不论最初的项目意见是怎样的，经过相应的研讨流程，到最终决策时，管理层的成员应普遍持有认同理念，达到这个效果，既是统一了决策口径，也对更好地推动决策项目有直接益处。

3.组织决策质量，关乎企业成败

组织的决策质量，直接体现了组织的决策水平。一个企业经营得好与坏，与组织的决策质量息息相关。在经营企业的过程中，需要借助组织来实现决策，而整个组织的决策管理、决策控制，也是衡量决策质量的一个标准。

在企业的组织体系中，由于分布着不同层次，因此，组织的形态也是各不相同的，有来自功能方面的不同，有来自互相协作方面的不同。正是不同的组织形态，构成了一个大型的组织决策中心。

企业决策者在制订一个决策方案时，需要召集不同形态组织层面里的决策成员，共同来探讨一个决策问题，寻求决策出路，使做出的决策能够服务于企业、服务于组织层面里的每一个成员、服务于与企业相关的客户群体，这也是企业决策组织的使命。

管理企业，应重视组织的决策思维。在一个偌大的企业中，少不了决策组织，而这个决策组织里，起关键作用的是组织里的决策思维。不同成员被融入企业的组织中时，会形成不同的思维，这些思维相互影响、相互作用、相互融合，最终在一个决策方案里整合在一起，形成有价值的决策方案。

三、立刻行动，打造完美执行能力

如果人们具备了决策和判断能力，那么这种人就能做出正确的选择。我知道我要做什么行业，在哪里做，在哪家公司做，我要努力上班，等等。这些都是我们的判断决策力。当你有了这个时，那么接下来就是你的行动执行力。这很重要，你不能光说不练。我要努力工作，结果呢？嘴上说了没有用，拍了脑袋拍了胸脯，最后还是拍屁股走了。你的行动执行力特别重要，说干就干，不能说我要干，但结果是等一会儿再干。成功者和失败者的区别是什么？其实失败者同样知道成功者的方法，但是只有成功者去做了。

比如说，两个人说下周在公司好好干，结果一个人真的去干了，而另一个人没有干。一个人最大的不成熟，就是光说不练。很多人是这样的，说得好听，但是从来不干，或者是说得很多，做得很少。他的行动力、执行力明显有问题，那这种人其实是很不成熟的。一个字就是懒，世界上最遥远的距离莫过于从知道到做到。行动，立即行动，这是我们的口头禅。马上就干，拒绝拖延，打造完美行动执行力。

·执行的最大成本——沟通

公司中最大的成本是什么？是沟通，是大量的、毫无意义的、无效的沟通。

公司的成本有许多，有采购成本、生产成本、研发成本、管理成本、财务成本……但是有一种无形的成本，而且是最大的成本，就是人与人的沟通成本。

这些成本表现在：

浪费了商机，增加了竞争的成本。

王总领导着一家国有控股公司，虽然早就改制了，但是企业发展的速度依然很慢，与民营企业的竞争，在速度上，在客户服务水平上，在手段的灵活性上，明显不占优势。为什么呢？体制转型了，文化没有转型，大家的思想还停留在计划经济的时代，等、靠、要思想占据主导。

有一次他出国前对营销总监说："这个月我们要与那家代理商签订华南区的独家代理合同，对于我们原来在华南的老代理商，要说服他们与新的"总代"合作，利益不会少了，这样我们只对有实力的一家，管理成本会降低，业绩也会增加，立即去谈，注意与我们的老代理商做好说服解释工作。"

当他出国回来之后一问此事，没有任何结果，营销总监还没有任何行动。为什么？营销总监说："我想我需要与副总沟通一下，因为他主管销售，我找他商量以后，他不太同意这么干，理由是这样做会损害原来代理商的感情，他的意见是等您回来商量一下再说，所以我就没有行动。"

老总一听就来气了，大声地问："副总有意见，你为什么不及时告诉我，我们好一起商量呀，总之不要不吭气，这样会耽误大事的。你知道我是与人家说好的，由你去谈判，这个月搞定。现在可好了，我们失约了，这让我怎么再与他们说。你要知道这个代理商别人也在争取，我们是在与别人抢市场，哪里有那么多的时间再讨论呀！"

这种事情在企业中屡见不鲜。总经理可以直接去谈业务，特别是重要的业务，但是一定要把商谈的结果与自己的决策告诉团队中的有关人员，特别是主管营销的副总。当然绕过副总直接找营销总监也没有问题，但是事前、事后一定要通报信息；营销总监可以征求副总的意见，如果与副总意见不一致，就一定要告诉总经理，但是不要影响执行，告诉是一回事，执行命令又是一回事，告诉你不认可，我也要执行，结果就是不要耽误执行；副总可以反对，但是要把意见及时报告总经理，然后大家可以讨论决策，而不能只反对，不提出解决问题的方案。

这个故事还有许多深层次的问题，为什么副总反对？为什么总监一定要请示？为什么老总"一竿子插到底"？这就是这家公司长期盛行封闭文化产生的必然结果。人们在封闭的文化下，对权力与等级过分敏感，让公司正常的沟通变成了权谋式的猜想。总经理想，我是老总，我干吗一定要告诉你们呢？你们不执行，就得我做，这都是你们逼的。

副总会想，我是副总，这是对我的不重视，我不提出意见显得我无能，我的直觉告诉我，要树立权威就要提反对意见。

营销总监会想，我谁也得罪不起，最安全的办法就是什么都不做，等你们领导研究好了我再办，最把握。

当大家都站在自己的权力与小面子上思考问题时，公司的商机就这样耽误了，为客户创造价值的机会就失去了，公司赚钱的生意就这样泡汤了。这种没有开放与分享的文化与环境，使得沟通成本大大增加，影响执行力，影响了公司效益。

长期以来，我们习惯了一种封闭式的、小圈子式的做事习惯，部门之间、上下级之间没有开放分享式的沟通，本部门内的沟通也仅限于个别人或个别小组的沟通。这种企业文化已经落后于时代，也不符合企业发展的规律。现代化管理是一个开放的过程，业务信息对称的背后，一定是文化的开放与认同，如果我们的企业依然恪守着封建式的"鸡犬相闻，老死不相往来"的思想，那么别说走向世界了，自己就把自己打败在自家的院子里了。

·营造执行的环境——开放分享的两大原则

对于长期封闭的公司，开放分享最大的阻碍是权谋，打掉权谋从总经理开始。这就需要总经理必须旗帜鲜明地提出来，在公司提倡开放分享，反对封闭权谋，谁在这些基本的问题上犯错误，不管他是谁，必须走人。因为公司就是公司，不是搞阴谋诡计的地方，请把我们的智慧与创造力用在如何为客户提供价值，如何帮助员工成长，如何提升生产力上去。权谋只会损害生产力，不会给企业带来效益，而只有开放分享，才可以让我们节省最大的成本，让公司快速地执行起来。

开放什么？原则上讲，除了商业秘密之外，公司中的一切都应当放到桌子上面来谈，开放地谈。

在建立开放分享执行环境中，我们要坚持两条原则：

"一对多"原则：节省你的传达成本。

不做一对一沟通，或者少做一对一沟通，这样成本最低。在一个时间，做一次付出，让更多的人得到，是最经济的管理方式。同时，一对多，就是"原声版"，会减少中间传递的失真，减少误解，增强团队的信任感。

一对多，不是毫无边界的全员大沟通，一味过于扩大范围，也会增加别人的时间成本，因为倾听和阅读也是要花费成本的。所以，在通常情况下，关系到员工的业务在员工范围内谈，关系到部门的业务在部门的范围里谈，关系到高层的业务，在高层的范围内谈，需要客户知道的，请客户来一起谈，只要起到信息对称、执行通畅的作用就可以了，切忌扩大范围和主题，无休止地争论，以致影响正常的工作。

公理原则：争论的归宿是公理的认同。

开放分享，不是无度的大辩论，什么话都可以说，一是开放分享的过程中人人要坚持公理，二是开放分享的结果必须是人人认同公理。否则开放得越多，思想就越混乱，团队就越迷茫，弄不好，还会出现错误的结论，所以，在过程中领导的引导与总结是必不可少的方式，这不是强加于人，而是做文化的第一推动力，因为完全放纵公司中的言论是一种失职的行为。

四、有效工作才能获得完美结果

六大能力中的第四个能力就是成果责任力。举个例子，我们首先有了决策判断力，我要好好干，然后有了行动执行力，马上就干了。但是这里面还有一个问题就是很多人呢，他干得很累，也很用心，早上很早，晚上很晚，也是忙忙碌碌，但是他没有成果。这种人实际上我前面也讲过了，成果责任是为了成果，责任力是非常重要的，就是你不要假装努力，结果不会陪你演戏。那么没有功劳的苦劳只是土壤，负责任是一个人的底线。我们做事情一定要明确目标，我们不是为了做而做，而是要结果，要成果。举个简单的例子，如果一个领导安排你工作，那么他跟你讲，明天有一个客户你去一下，然后把公司名称和联系电话给你了。就这样，他基本上其他的也没讲，最后，这个业务员按照领导的意思，有了号码和地址就去了，去以后最后结果不好，没有拿到单子，甚至是客户都不在。这个是谁的责任？有三个选择：a 是领导的责任，b 是员工的责任，c 是双方都有责任。大家怎么选？好，这里的答案，可能有a有b有c，但是答案却只有一个。那大家想有没有可能是都有责任，都有责任就是都没责任，责任必须是单一的。举个例子，如果选a认为是领导的责任，那我想领导是不是每件事情都得给你讲清楚。对于一个员工来说，你认为领导是面面俱到，什么都帮你交代清楚的领导好，还是说领导只是给你点拨一下，剩下的你自己去弄，哪一个更好？同样的道理，我们的小孩也是一样，有些父母是给小孩子无微不至的关怀，衣服给他弄好，洗澡水给他放好，书包给他整理好，最后到了社会上，他没有独立的能力。相反，有一些父母，会让小孩子自己操心，可能会点拨他一下，剩下的事情全部由他自己负责，那么小孩会有独立性，然后自己做事情，到了社会上就能够独立。这样我们也就知道应该是哪一种领导更好。比如说，领导凡事帮你想得很清晰，你只需要按照领导的思路去执行就好了。这种员工很舒服，但是没有成长，所以这种领导不是好领导。反过来，领导只是交代你一个任务，然后并没有给你讲得很清楚，实际上这种领导锻炼你去独立思考，更容易激发你的成长，所以这种领导会更好一些。

  回过头来，我们来选择，到底是a、b还是c呢？我们刚说过了，c是两者都有责任肯定是不对的，两者都有责任意味着都没有责任。那么a是领导的责任，那肯定是不对了，这种领导才是好领导。那么b才是正确的答案，所有的责任都是员工一个人的。那么也有些人会讲，站在领导的角度可能说是员工的责任，但是站在员工的角度可能会认为是领导的责任，因为领导没讲清楚。好，那其实什么事情跟员工讲清楚，要员工干吗的呢？有员工没员工一个样，员工怎么成长呢？那么正确的做法应该是什么样的呢？回顾一下我自己的工作经历，我刚来上海打工的时候碰到一个领导，他是什么都不跟我讲的。他会跟我讲，明天去下这个地方，有个客户你去跟一下，就没有了。大家想一想，当一个领导就交代你一件事情，明天你去这个地方，而后把联系人电话给你了，那么你怎么做呢？我们有两种选择，第一种选择是a：按照领导给你的地址和联系人电话就去了，结果客户有可能不在，也有可能客户在。我们去谈，比如说谈下这个方案，结果方案的内容、工具、资料都没带，客户有可能是要买产品，买机器，也有可能是要做服务，而结果你去了根本就没有达到客户的预期，那么要么见不到客户，要么就聊得很不愉快，最后这个项目是失败的，而这是a选择。那么b选择是什么呢？比如说，当年我就是拿了这个任务以后，我马上做了，回到办公室，我就会写：第一，这个客户有没有约时间，几点？第二，这个客户的职位是什么？第三，这家公司大概是做什么的？第四，明天我去的主要的目标是什么？第五，我需要准备一些什么资料？这五个问题列出来以后，我马上就会去网上查找，基本上查到了一些部分的内容，然后带着剩下的内容，去找领导沟通：这个联系人是什么岗位，这个信息是怎么获取的？明天去的目的主要是什么，你看我带的这些资料可以吗？当我做了这些工作以后，领导还会夸我一句，他说可以，你这个很用心，活很细，不错不错。这个其实才是我们真正应该有的做事方法，那么这是b选择。像我最初做领导的时候，我会拿张纸写得很清楚，1、2、3、4、5、6、7、8、9全部讲得很清楚。后来，我也有意不要去讲清楚，就是这样来测试一个下属，他有没有成果责任能力。我不去跟他讲清楚，看他会不会来问我。如果他来问我，说明这个人还是可以的，如果他什么都不问，就直接去了，那可能成功率不高，我可能会让他推演一下，明天打算怎么做。那这种情况其实我对他已经不满意了，但是为了结果，我还得去让他推演一下。明天你准备怎么做？你认为你要带什么资料？你准备怎么谈？这就是一个成果责任能力，我觉得这个是我们的终极能力，也就是什么事情都是成果导向。

·不同的时间排列，不同的职场人生

1.与客户沟通工作的最佳时机

当今世界的变化和发展日益加快，竞争也更加的激烈和残酷。个人、客户以及公司都对成功报以很高的期望，而对于失败的容忍度则降低到历史的最低点，毫无效率和成绩的工作，常常被认为是浪费时间和资源的表现。若想在当今的职场生存，妥善处理工作中的各种问题并在竞争中脱颖而出，除了要不断提升自身技能，还应利用好时间进行一系列的安排，在与客户的沟通中抢占先机，这样就能达到意想不到的完美结果。

很多人都习惯了到公司后才想起与客户约见或者给客户打电话、发邮件，殊不知这个时候也是客户正忙的时候，如果遇到客户心情不好或者因为工作繁忙正处于焦头烂额的状态，那么你不是碰命根了，就是邮件、短信难逃石沉大海的悲惨命运了。还有许多人习惯贸然地去拜访，觉得自己内心足够强大到被拒绝很多次也不妥协。有的时候也许会最终谈成生意，但是绝对不是最佳办法，因为你耗费了太多的时间与精力。还有很多人习惯利用晚餐时间请客户吃饭应酬，这也是现代职场人士夜生活太多的原因之一。但是这种方法在拉近了与客户人际关系的同时也产生了弊端，一是花费了太多的金钱在请客消遣上，二是没有足够的时间和环境去谈产品的优势，让客户觉得你客气有余、专业不足，即使他们勉强认可了你的人，但是对你的产品还是不够了解。如果遇到竞争对手也使用相同的方法，就很容易抢走你的客户让你的努力功亏一篑。

（1）定期给客户发邮件

如果你已经安排好了一天的工作，并且已经计划好一天中要与哪几位客户进行邮件沟通项目进展，你不妨把打算上班后发送的邮件提前到清晨这段时间来发。首先这段时间对你来说是相对比较安静和思路清晰的时间段，你书写邮件时一定会非常专心；其次，当客户看到你的邮件发送的时间时，他会从心底产生一种赞赏之情，他会被你的敬业精神所打动，试想有多少人能在清晨就开始一天的工作并把客户放在首位呢？把邮件放到清晨来发，他也会第一时间回复你的邮件，这样当你上班后，你就能比其他人更早地进入工作状态了。当然，你也会比其他人更早地完成一天的工作。

（2）提前预约见面计划

如果你白天需要与重要客户见面详谈，那么不妨在早晨上班前给他打电话、发邮件或者短信告知。清晨是客户相对轻松和精力充沛的时间，没有上班后琐碎事务的困扰，他会觉得心情大好，这个时候你提出约见的要求，成功的概率会比较大。你甚至可以直接去他们的公司，这样就减少了从自己公司再到客户公司路途上和时间上的浪费，提高了工作效率，你就有更多的时间解决其他的事情。

（3）定期介绍产品

跟客户光有和谐的人际交往，对于一个专业的职场人士来说是远远不够的。只有让客户信赖你们的公司，才能提高他对产品的忠诚度，才不会轻易被其他的竞争对手拉拢腐蚀，成为犹豫的墙头草。

定期利用清晨时间给客户发邮件介绍产品，是一个非常有效的方法。当每天打开邮箱，看到的就是你们公司详细的产品介绍时，他一天的抉择都会潜移默化地受到你们的影响。正所谓先入为主，当其他的产品再摆到他眼前时，已经远不如你们的产品给他留下的印象深刻了。

（4）重要节日的问候

对产品的重视非常重要，当然，对客户的关心和问候也是作为一个全方位职场人士所不可缺少的。记录下重要客户的生日、重大节日，每天早晨利用清晨三小时的时间翻看一遍，及时给客户打电话、发短信或者发邮件问候，或者送上一个小礼物，相信他们一定会非常感动。第一个收到的是你的问候，他们一定会印象极为深刻，认可你人品的同时，再加上你的好产品和专业态度，一定能给你带来丰厚的回报。

不论是细致的工作，还是较为笼统的工作，无论熟练与否，如果一开始就不去思考如何把事情做好，就更别说下一步具体工作的开展了。只有知道怎么样做成自己的工作，才能脚踏实地地把工作做完、做好。同时，遇事多多考虑也会令你的工作事半功倍。那么利用好清晨三小时的时间，每天对你的工作进行细致全面的规划和分析，就会对你接下来一天的工作起到提纲挈领的作用。树立好每天的目标，以目标为导向努力工作，相信你的事业一定能一帆风顺，走向成功。

第一，分解任务，每天列出工作计划。

利用早晨清醒的时间，把手头的重要工作按时间进度分成若干部分，具体到每一天的工作安排，这样更有利于你掌控工作的进展情况。按部就班地完成每天的工作计划，你就能顺理成章地完成整个重大的项目而且不会觉得非常吃力，也不会感到不知所措了。

第二，做好开头的准备工作。

万事开头难。在工作刚开始的时候，员工特别是新手应该做的就是搜集足够的资料，考虑做事的步骤和可能遇到的困难。这样不仅在做事之前就可以做到胸有成竹，而且在面对突发事件的时候还可以从容应对，不至于方寸大乱。每天利用好清晨时间，做好一天的准备工作，将一天需要准备的事情仔细梳理一遍，记录到工作日志上，然后从每件事的一开始就考虑好如何完成这件事，这不仅能增强你的信心，还能锻炼你的思维能力。

第三，分清主次，区别对待。

很显然，每个工作中都有最重要的环节和次重要的环节。想好怎么样把事情做成，当然要在所考虑的事情中分清主次，区别对待。对于工作中的难点，员工要考虑得更多，在考虑好如何解决的同时还要有克服困难的决心。这就需要你利用清晨三小时的时间，整理出一天工作的重要内容和环节。

第四，不放过每一个细小的问题。

不要以为计划好了整件事情的步骤就等于做好了整件事。每一个或大或小、或重或轻的工作都是由细节组成的。不管是理论上还是实践中，细节都是最不容忽视的。把能注意到的细节审视清楚，避免产生疏忽导致公司发生损失，是对每个员工最基本的要求。在做事的过程中，如果自己没有十足的把握，请教别人也不失为一种有效的解决问题的方法。

2.比老板更早开始一天的工作

想成为经理人或是有希望得到提拔的下属，一个重要的素质，就是要能领会领导的意图，并与领导统一步调，包括情感上的步调。联想公司将这个过程称之为"对表"。一次"对表"容易，难的是天天"对表"，次次正确。

如果你不知道老板想让你做什么，又怎么能把工作任务分配和指示给下属及合作者呢？因此，"对表"只是一个手段，关键还是要将"表"校得跟老板一致，甚至比老板更早。

利用好清晨，把一天中需要跟老板汇报的邮件在早晨完成，早一点到公司开始一天的工作，这些细微的小事，会让领导对你刮目相看。提前开始一天的工作不但可以提前规划好一天的工作还可以更快更好地进入工作状态。当别人还在考虑当天该做什么时，你已经走在别人前面了。老板会认为，你很重视这份工作，你在不知不觉中，就已经赢得了老板的认可。

想被老板器重，尤其被位高权重、能力超强、聪明绝顶、声名显赫的老板器重，绝非易事，不是表表忠心、多多加班即可搞定的。想要得到老板的器重，成为老板的心腹，就一定要给老板留下良好的印象，如高度敬业、职业素养好、悟性高、能力强、机智、忠诚等好印象。

·赢在工作起跑线上

1.如何提高工作效率

（1）一次就把事情做对

在很多人的工作经历中，也许都发生过这种状况：工作越忙就越容易出错，解决错误的同时，无形中又拖累了新的进度，增加了工作量。结果明明是为了赶时间，却耽误了更多的时间和精力。重新返工，不但劳民伤财，领导对你的信任也会大打折扣。

可见，第一次就把事情做对，才是赢得时间的关键。当手中有一份任务时，暂时放下其他的事情全力以赴面对这项任务，完成一件再去解决另一件，不知不觉中，你的工作就都忙完了。

（2）首先完成最重要的事情

你是不是整天从早忙到晚，觉得自己一直被工作追着跑？是不是每天到了晚上躺在床上也辗转难眠，脑子里还是被一些工作上的琐事所占据？这不是因为你不能胜任如此繁重的工作，而是因为你完全不知道把工作按重要性排队，没有将重要的事情摆在第一位。

一个懂得高效工作的人是那些对无足轻重的事情无动于衷，却对那些较重要的事务无法无动于衷的人。他们通常是按优先级开展工作的，将要事摆在第一位。

（3）每次只做一件事情

每个人每天都会面临很多的事情。如果你同时去做，不但不会高效率完成，很可能还会使自己手忙脚乱，顾此失彼，从而变得烦躁不安，对工作失去信心和兴趣。相反，当你每次只做一件事情时，静下心来把它做好，集中精神，专注的力量会让你更能发挥自己的潜力，妥善地一件件完成你的工作任务。每次完成任务的成就感会让你觉得工作原来是十分简单和有趣的事情。你的工作压力也会减轻许多，做事也不会再毛毛躁躁的。对工作的专注，还能激发你更加热爱工作、热爱公司的激情，你会从工作中体会到更多的乐趣。

（4）合理利用零碎的时间

时间就如同海绵里的水。争取时间的唯一方法就是善用时间，包括你上下班途中、等待客户的时候，以及任何你觉得无聊的时光。要把零碎的时间用来从事零碎的工作，从而最大限度地提高工作效率。合理利用零碎的时间把零碎的工作消灭掉，你回到办公室后就能更专注地用大块的时间解决重要的问题，而不是一直被许多零散的事务困扰，浪费了很多宝贵的时间。

2.应对职场的人际关系

（1）你会算计别人吗？

任何人都会对别人在背后算计非常痛恨，算计别人也是职场中最危险的行为之一，这种行为所带来的后果，轻则被同事所唾弃，重则失去饭碗，甚至身败名裂。

如果你经常有把事业上的竞争对手当成"仇人""冤家"的想法，想尽一切办法去搞垮对方的话，那么你就很有必要检讨一下了。老板绝对不希望自己的手下互相斗争，老板希望每一个员工都能发挥自己的长处，为公司带来更多的效益，而互相排斥只会增加内耗，使自己的企业受损。周围的同事也同样讨厌那些搬弄是非、使阴招、发暗箭的人，因为每个人都希望有一个和谐宽松的工作环境，并与自己志趣相投的人共事。

（2）你经常向别人妥协吗？

当然，在与同事的相处中还会有互相竞争的成分，因此，恰当使用接受与拒绝的态度相当重要。一个只会拒绝别人的人会招致大家的排斥，而一个只会向别人妥协的人不但自己受了委屈，而且还会被认为是老好人、能力低、不堪重任，且容易被人利用。因此在工作中要注意坚持一定的原则，避免卷入诸如危害公司利益、拉帮结伙、损害他人利益的事件中去。遇到这样的情况要注意保持中立，避免被人利用。

（3）你喜欢过问别人的隐私吗？

在一个文明的环境里，每个人都应该尊重别人的隐私。如果你发现自己对别人的隐私产生浓厚的兴趣时，就要好好反省自己了。窥探别人的隐私向来是个人素质低下、没有修养的行为。也许有许多情况是在无意间发生的，但偶尔的过失也许可以通过解释来弥补，但是，如果"这样的事件"发生过几次，那么你就要从心理上检讨自己的问题了。

（4）你经常带着情绪工作吗？

如果你在工作中经常受到一些不愉快事件的影响，使自己情绪失控，那可犯了大忌。如果看到自己不喜欢的东西或事情就明显地表露出来，那么只会造成同事对你的反感。每个人都有自己的好恶，对于自己不喜欢的人或事，应尽量学会包容或保持沉默。你自己的好恶同样不一定合乎别人的观点，如果你经常轻易地评论别人，同样会招致别人的厌恶。

（5）你经常向同事借钱吗？

处理好同事之间的经济关系相当重要。同事之间由于平时会在一起聚会游玩，发生经济往来的情况可能会比较多，最好的办法是 AA 制。当然，特殊情况下向同事借钱也没有什么不妥，但记得要尽快归还。如果经常向别人借钱，会被认为是个没有计划的人，别人会对你的为人处世产生不信任。记住不要轻易欠别人一块钱，并把这一点作为一个原则。当然也不要墨守成规，遇到同事因高兴的事请客时不要执意拒绝，同时记得要多说一些祝贺的话。

现代人都很重视人际关系。人际关系处理得好不好，在很大程度上决定着一个人的生活质量。而人际关系如何，取决于个人的处世态度和行为准则。

第一，换位思考。

人们观察问题时都习惯性地从自己的角度出发，只顾及自己的利益、愿望、情绪，一厢情愿地想当然，因此，常常很难了解他人，很难和别人沟通。在现实生活中，公说公理、婆说婆理，各讲各的、各忙各的，这样的现象随处可见。想处理好自己和他人的人际关系，最需要做的就是改变从自我出发的单向观察与思维，而要从对方的角度观察事物，替对方着想，也即由彼观彼。

第二，平等待人。

不强求别人这个原则是处理人际关系必须遵循的金科玉律。这是真正的平等待人，是古往今来都适用的平等精神。人是生而平等的，每个人的人格和尊严都应该受到尊重。"己所不欲，勿施于人"，这句古语讲得很有道理。无论是对同事、部下、朋友、合作伙伴、恋人，都该遵循。这是古人在长期的社会生活中总结出来的经验，是我们为人处世必须遵循的规则。

第三，学会分享。

当你把快乐和别人分享时，你的快乐就变成了两份快乐；当你把你的点子和别人分享时，就会碰出更多思想的火花。同样，对于渴望也可以共同来满足。自己渴望的事情，要想到他人也可能渴望。当你渴望安全感时，就要理解他人对安全感的需要，甚至帮助他人实现安全感。你渴望被理解、关切和爱护，就要知道如何力所能及地给予他人理解、关切和爱护。给予他人理解与关切，会在高水平上调整融洽彼此的关系，也能很好地调整自己的状态——这个好状态既来自对方的回报，也是自己"给予"的结果。善待别人，同时就善待了自己。

第四，欣赏他人。

每个人都希望得到欣赏与鼓励，得到欣赏与鼓励能给人以生活与奋斗的强大动力。在很小的时候，父母的欣赏会使我们积极兴奋地上进发展，老师的欣赏会使学生废寝忘食地努力学习。进入社会后，领导和同事的欣赏是一个人工作的最大动力之一。善于欣赏他人，就是给予他人的最大善意，也是最成熟的人格品质。

第五，待人以诚。

诚信是人与人之间相处的首要原则。诚信待人在别人那里会形成一种良好的第一印象，同时也塑造自己的美德与品牌。质朴自然由真心流露出的诚信，本身就是生活的需求。在诚信待人的状态中，我们找到安详和思维的通畅。诚信待人、诚信做事，可以使我们理直气壮，正气凛然，心胸开阔，心无挂碍。诚信不仅是一种待人的态度，本身就是生活的质量。诚信不是生活的手段，而是生活的目的。

第六，持之以恒。

在处理人际关系时，不能急功近利，追求短期效应，讨好一切人，应酬好一切关系。这是拙劣低下的表现，是一种虚假繁荣。这可能奏效一时，但难以维持长久，真正和谐的人际关系不是一种应付和差事。按照正确的原则处理各种人际关系，是我们自然的流露，是我们长期的准则。相信别人总会理解和信任自己，即使有不理解、不信任，也无所谓。这就是持之以恒的境界，终究你会收获成功的。

·排除工作中的各种干扰

1.上级的干扰

在日常工作中，也许你正在为手边的工作忙得焦头烂额，这时领导忽然给你打电话让你去他的办公室，交代你一些事情让你马上去办。答应领导的工作安排，你手边的工作忙不完，很可能晚上加班或者影响工作的进度；不马上办理，又怕领导会不高兴，觉得你不服从领导的安排。这无疑给你的工作雪上加霜，完成一个，领导必定会问到另外一个，拖延的罪名还是会落到你的头上。

遇到这种问题，你该如何应付呢？可以利用清晨的时间。如果你在这个时候发邮件给老板，告知他你今天需要完成的任务及每个任务大概所需时间，领导就会了解你一天的工作强度和安排，同时询问他今天对你是否有其他的工作安排。如果有，他会及时回复你，你就能在工作一开始就合理地调整工作方案，有的放矢地合理安排工作顺序。如果他临时有别的事情需要下属办，也会找到其他人，不会再给你增加额外的负担。

2.同事的干扰

在一个办公室工作，难免会有同事因为个人的事或者工作上的事找你聊天，这个时候，放下手边的工作应付他，影响的无疑是你的工作和时间。如果不理睬同事，又怕会落下清高、不通人情世故的骂名。应对同事之间的干扰，也的确是个棘手的问题。

如果你每天利用早晨的时间对一整天的工作有个合理的安排，那么一到公司，你就能有条不紊地按照工作安排进行每一步的工作，在每项工作告一段落的时候，你还能抽出几分钟的时间喝杯咖啡或者站起来走几步活动一下身体。如果有同事在你忙的时候找你，你可以直接告诉他你手边正有工作，一会儿就去找他，等你忙完的时候，再去问他有什么事情，这样就显得礼貌且不失分寸。

3.下级的干扰

如果你是公司的管理人员，你的下属会不时地敲你办公室的门，或者向你汇报工作，或者有各种各样的事情让你做决定。这些来来回回的进出，一定会扰乱你的工作思路和计划，一天时间就会不知不觉地溜走了。因此，如何应对下属的干扰，也是体现你管理能力的一个重要方面。

可以利用清晨时间，给每位下属布置好一天的工作要求，同时约定好每天的固定时间段为与团队沟通的时间，他们可以在这个时间段找你分析解决问题。其他时间，你可以告知他们如非紧急情况，最好不要打扰你的工作。这样，既能体现你有条不紊的管理风格，又能及时解决下属在工作中遇到的各种问题，还能锻炼他们独立处理问题的能力。

4.情绪的干扰

不要带着情绪去工作。一个人情绪如果低落，会直接影响到工作的效率。作为一个专业的职场人士，你从踏进公司大门的第一步起，就应该时时处处以公司的利益为出发点，严格按照工作计划安排专心工作，将个人的恩怨和不快暂时抛于脑后。专注于工作会让你觉得时间不再难熬，工作完成的成就感会让你的心情舒畅，与客户和同事讨论问题时你的神采奕奕让你更有自信，更有力量面对生活中暂时的逆境。也许当你结束一天的工作后，本来的坏情绪便已经无影无踪了。

五、学会感恩，懂得感谢他人付出

有了前面的四个能力其实是比较完整的，我们第一有学习转化；第二有决策判断；第三选择对了，接下来全力以赴，做好行动；第四个能力就是一切以成果责任目标为导向。那么剩下的呢？举个例子，很多做销售的都知道我们一个项目拿下来，只是销售的开始，更多的工作都是要在老客户的基础上转介绍。我们做销售也好，做人也好，做企业也好，决定着企业业绩取得的有可能有超过50%都是转介绍，或者重复购买。那我们企业的人怎么来？也是通过转介绍，那转介绍员工也是这样，这里面有很重要的一点，人家为什么要帮你介绍呢？第一个当然是基于我们的产品做得好，我们的公司品牌、公司平台、公司的产品、公司的服务，这是基础。然后还有一个很关键，就是我们这个销售会感恩。一个持续感恩的人，公司才会更加地重用你，客户才会持续跟你转介绍或者重复购买。同样的道理，你的朋友才会更加地帮助你。感恩的心很多人都有，但是感恩力不一定有。所以这里面这个关键词，第一个是感恩力，第二个是付出力。感恩，不是停留在表面上说的，心里要有付出，首先要说出来，然后要去行动。像我们公司每个月20号叫感恩日，感恩你的家人，感恩你的同事，感恩你的客户，感恩你的供应商，感恩你的朋友都是可以的，但是要付出，要行动。所有的事情都是要行动，而不是停留在嘴上，嘴上也要说，行动更重要。生命的拥有在于时时感恩，其实真的越感恩你会越幸福，会收到一种温暖，人家才越会帮助你，就会产生一种良性的循环。感恩是有能量的，当你跟一个人吵完架以后你自己的能量也没了，你就很生气，自己很难受。如果你感恩，感恩一个人，感谢一个人，以后人家也收到这种能量，你也有一种能量，你会发现你越感恩越幸福，越幸福就会越有能量，越有奋斗的这种精神。让我们一定要有感恩的心加感恩的行为，付出的行为。我们通常讲第一是亲情，第二是友情，第三是爱情，所有的情最终都是恩情。亲情也是友情，也是爱情，也是相互感恩，只要遇见就感恩。我们在做任何事情的时候都要付出，不要交换，现在很多人都是利益交换型的，这次我对你怎么样，你以后会对我怎么样，我给你什么你必须给我什么，但是我们在做人的时候，在这一点上，一定用付出。比如，我在打工的时候，我就喜欢做培训，喜欢帮助同事从不计回报，不让他请客吃饭，也不要他给我什么佣金，也不要给生活费，给学费，也没有跟他说，以后我创业，你要干嘛，也不跟他说，在职场上，你要跟我站着一队。我们现在很多的企业里面都是利益，就是交换挣钱索恩，这都是错误的。要付出不要交换，越付出的人，其个人越成长，越付出，越幸福，越付出越有力量。而越感恩也是一样，越感恩的人，其实越幸福越有力量，会是良性的一个循环。

·感恩精神是立足社会的根本

当我们拿着薪水和爱人享受温情与浪漫的时候，我们应该想到感恩工作；当我们拿着薪水换来的礼物去孝敬父母的时候，我们应该想到感恩工作；周末，当我们悠闲地带着孩子在公园游玩的时候，我们应该想到对企业的感激；假日，当我们和朋友开怀畅饮的时候，我们应该想到对企业的感激；当我们在企业给予的发展平台上获得了尊重、荣耀、地位，实现了自己的价值时，我们更应该想到对企业的感恩。你能够安稳地生活，是因为企业给了你一份安稳的工作；你能够享受快乐的人生，是因为工作给你提供了稳定的收入。

感恩是一种美德。如果我们能设身处地为企业着想，忠诚于老板，忠诚于企业，拥有一颗感恩的心，一定能赢得老板的欣赏和器重。感恩的最终受益人是你自己。虽然，你通过努力工作创造的价值中的一部分可能并不属于你自己，但是你拥有的懂得感恩的美德，却完全属于你，你因此在人才市场上更具竞争力，你的名字更具含金量。退一步说，如果我们能养成这样思考问题的习惯，最起码我们能够做到内心宽慰。

真正的感恩应该是真诚的，发自内心的感激，而不是为了某种目的，迎合他人而表现出的虚情假意。与溜须拍马不同，感恩是自然的情感流露，是不求回报的。一些人从内心深处感激自己的上司，但是由于惧怕流言蜚语，而将感激之情隐藏在心中，甚至刻意地疏远上司，以表自己的清白。这种想法是何等幼稚啊！

我们永远都需要感谢。推销员遭到拒绝时，应该感谢顾客耐心听完自己的解说，这样才有下一次惠顾的机会。上司批评你时，应该感谢他给予你的种种教诲，让以后的工作更得心应手。

一个人的成长，要感谢父母的恩惠，感谢师长的恩惠，感谢国家的恩惠，感谢大众的恩惠。没有父母养育，没有师长教诲，没有国家爱护，没有大众助益，我们怎能自立于天地之间？所以，感恩是一个人人格独立的前提条件。

时常怀有感恩精神，你会变得更谦和、成熟且勤奋。如果你每天能带着感恩精神去工作，相信工作会回报你一个甜美的微笑、一个甜蜜的成功。

·感恩工作每一天

人是有感情的动物，我们常常会为一个陌路人的点滴帮助而感激不尽。但是，又有一个十分奇怪的现象让人迷惑不解：那就是为什么企业的员工却总是无视企业为之提供衣食之源的种种恩惠？这种忽视或者漠然，经常让我们把企业对自己的回报与付出视为理所当然，甚至有时还满腹牢骚，抱怨不止。

其实，感恩是一种良好的心态，当你以一种感恩的心态对待工作、对待企业时，你会工作得更愉快，你会工作得更出色。

一位成功的职业人士说："是感恩的心态改变了我的人生。当我清楚地意识到我没有任何权利要求别人时，我对周围的点滴关怀都怀有强烈的感恩之情。我竭力要回报他们，我竭力要让他们快乐。结果，我不仅工作得更加愉快，所获的帮助也更多，工作也更出色，我很快就获得了加薪升职的机会。"

可能你所从事的工作无法完全符合你的心意，但要记住你的工作中仍然蕴含着宝贵的经验和资源，如自我提升的喜悦、温馨的工作伙伴、值得感激的客户等等。如果你能每天怀着一颗感恩的心去工作，在工作中始终牢记"拥有一份工作，就要懂得感恩"的道理，你一定会收获意想不到的果实。

带着一种从容、坦然、喜悦、感恩的态度工作，你会获取最大的成功。

感恩是基于这样一种认识：公司为你提供了施展才华的场所，所以你对公司为你所付出的一切，都要心存感激，并力图回报。

为了回报公司对你的"厚爱"，你应该乐于做公司分配给你的工作，全心全意、不竭余力地为公司创造价值，同时要不断提高自己的工作效率，多为公司的发展考虑。

我们身边有很多年轻人，工作的时候敷衍了事，抱定做一天和尚撞一天钟的心态，不愿多做一点儿本职工作以外的事情，但在玩乐的时候却兴致高昂，领工资的时候争先恐后。他们似乎不懂得工作需要付出，总想避开棘手麻烦的工作，希望轻轻松松地拿到自己的工资，享受工作带来的益处。如果你是老板，请问你喜欢这样的员工吗？

诚然，工作可以给我们带来金钱和其他物质回报，可以让我们拥有一种实现自我价值的成就感，但是我们往往忽视了这一点，丰厚的物质报酬和巨大的成就感是与付出劳动的多少、战胜困难的大小成正比的。

要学会感恩你的工作！不要忘记工作赋予你的荣誉，不要忘记你的责任，更不要忘记你的使命。怀着一颗感恩的心，坦然地接受工作的一切，除了成就和快乐，还有艰辛和忍耐。

· 拥有需要感恩

有一份属于自己的工作实在是一件幸福的事情。当我们从学校走出，正式步入社会的时候，企业为我们提供了宝贵的培训机会，让我们从学生迅速转变为职业人；每个月底，企业财务部将一定数额的工资定时打入我们的工资卡；企业为我们提供了各种各样的岗位和工作，满足不同个性和特长的员工的不同需求，让我们获得施展自己才能的舞台；当我们努力工作，并且做出一定成绩的时候，企业为我们提供升职和加薪的机会，让我们获得满足感和幸福感。

作为员工，我们必须懂得感恩。只有懂得感恩，你才会竭尽所能、主动、高效、热情地完成自己的任务，用心去经营属于自己的企业。还要将你的上司、同事看成是和你同舟共济的伙伴，他们是这个企业的合作者，而且只有每一个人都努力做好自己的工作，企业才会前进。每一个人的命运都将和企业紧紧地捆绑在一起，与企业同生死、共命运。所以，你不但要为企业做好自己的本职工作，还要保护你的企业，不让它在中途抛锚。只有企业发展了，你的生活才能得到保障。

从某种意义上说，员工也是企业的主人，企业的兴亡和企业里每一位员工的切身利益有着直接的关系。所以，当你进入一个企业时，就必须和企业共命运，必须和老板同舟共济。

· 企业是你生存和发展的平台

离开家乡多年，记忆深处最怀念的还是那四四方方的大戏台子，每年春节的时候，最忙碌最热闹的就是这里，用那句"乱哄哄你方唱罢我登场"的话来形容真的很贴切。

企业和员工的关系就像大戏台子和演员。企业为员工搭建了展示自己才艺的舞台，员工只有扮演好自己的角色，卖力地演出，才能对得起这个舞台。

企业和员工又是一个共生体，企业的成长，要依靠员工的努力来实现；员工的成长，又要靠企业这个平台。企业兴，员工兴；企业衰，员工衰。

企业实际上是一个全体员工生存和发展的平台。公司中的每个人，无论是老板，还是员工，都是在这个平台上履行着自己的职责，发挥着自己的作用。任何人离开了这个平台，就如同演员离开了舞台，无法施展自己的才华。

企业的成功不仅仅意味着企业老板的成功，更意味着企业每一位员工的成功。

每个职员都应该明白这样的道理：只有企业发展壮大了，你才能够有更大的发展。企业和你的关系就是"一荣俱荣，一损俱损"。只有认识到这一点，你才能在工作中赢得老板的赏识和尊重。

你要时刻记住自己的使命是实现企业的目标。然而，这些目标有时看来十分简洁清晰，但有时却不那么精确透彻，你必须做更深一层的挖掘。

这里要告诉每个员工一条更重要的法则：帮助老板工作绝不是拍老板的马屁。并不是每个老板都是全才，他也有失误的时候，也有碰到难题的时候，也许这些事情不是你工作范围内的事情，但是你绝不能够袖手旁观。因为这些困难会阻挡企业的发展，只有帮助老板解决这些问题，才能够使自己在成功的路上走得更快。

·请爱上自己的工作

"你爱自己的工作吗？"我曾经向很多人问过这个问题，很多人的答案是否定的，所以每次我会对他们说：请爱上自己的工作。

我们中间大部分人都将职业满足感和好工作联系在一起。可是，具有成就感和满足感，更为重要的是看你能将一份工作做到多好。即使你获得了一份梦寐以求的工作，没有好好地珍惜，好工作也会变成坏工作；相反地，即使目前你的工作还不理想，但通过你的努力，会将它变得理想一些。所以，停止"工作如何没有意义"的抱怨，脚踏实地地工作吧。

还有些时候，我们对工作的抵触情绪产生于我们的先入为主的偏见。

如果我们能喜欢上自己的工作，这份工作就会变得很有意义，我们就会努力去把这份工作做好。我建议你从以下几点入手，尝试着爱上自己的工作：

1.为自己寻找一位精神导师

除非你单独工作，否则，你肯定能从公司中找到自己尊敬而且可以学习的榜样。如果你能在公司中和这样的人保持良好的关系，那么，他将不断地激励你进步。工作上有了目标，一切都会变得有意义。

2.将你的"野心"和公司目标结合起来

我们中间有许多人会在工作一段时间后，发现在自己的职位上并不能发挥自己的能力，如果是这样的话，你就需要考察、研究一下公司，看看是否能将自己的才能融入公司的需要中去。如果是可行的话，赶紧给上司打报告，在为公司做贡献的同时，也能实现自己的"野心"。

3.检查自身的缺点并列出单子——克服它们

承认自己有缺点并非世界末日。只有认识到自己的缺点，你才能克服它。如果你习惯于最后赶到办公室的话，就多定几个闹钟；如果你和老板关系紧张的话，就多考虑考虑老板的需要；如果你习惯在最后期限以前把活儿赶出来的话，就规范一下自己的工作流程。你会发现，随着你缺点的消失，工作也就变得轻松、可爱起来。

4.多在上司、老板面前表现

在现代社会，多在上司、老板面前表现并不是一种罪恶，被忽视、被低估往往是工作满足感缺乏的重要原因。事实上，如果你不能将自己的业绩、贡献展现在上司面前的话，你就不能得到应有的尊重和回报。埋头苦干固然是一种美德，但恰当地表现自己也必不可少。

·享受工作着的幸福

在我看来，幸福的源泉是工作，幸福感来自感恩心。

有一个常识大家都知道，充实而忙碌的日子里我们不会无聊，不会烦闷，因为我们有事可做，因为我们有自己的定位和归属感，因为我们有所追求，有所希冀。虽然会苦会累，虽然困难重重，但是为了获得成就感，为了实现努力之后的成功，为了让自己能给别人带来一点儿便利，所有的付出都是有价值的。

可以说，劳动给了我们一切，劳动让人类完成了伟大的进化过程。对于今天的我们，这个道理同样不能忘记。也许你会对此嗤之以鼻，多么浅显的道理，谁不知道劳动创造物质啊！可是当你抱怨工作辛苦的时候，当你怨天尤人、一味地想换好工作来满足自己的时候，你能说你已经深刻明白"工作是一种幸福"的道理了吗？就算你明白，你能约束自己从此好好工作，并由衷地喜欢自己的工作吗？

工作的幸福体现在它为我们创造美好的物质生活，这是不言而喻的了。如同古语云："书中自有黄金屋，书中自有颜如玉。"其实，黄金屋和颜如玉又何尝不在你的工作中，没有人会白白赐予你什么，一切都源于你自己的努力和创造……

当然仅仅看到这一点幸福是远远不够的。你会误以为工作的意义只是为了得到好的生活。诚然，这没有错，但却会时时让你感到疲倦和郁闷。当收获达不到你的预期的时候，当辛苦劳动换来的只是一点小小的报酬的时候，你会不会心灰意冷呢？

所以说，工作的幸福其实远不是表面的经济利益和最终的结果，而是深层次的精神收获和追求的过程。懂得这一点，你的日子就会有意义、有意思得多。

工作是让人快乐的良方，这是真理。当你忙着安排自己的工作计划时，当你干劲十足地为完成自己的任务而拼搏时，哪还有空闲时间去发牢骚、去郁闷呢？

工作给了我们完全积极的心态去面对生活，心思被用得满满的，以至于没有时间"庸人自扰"了，这是一种充实的小幸福。然而工作的幸福不仅在于此，它还会给你带来成就感，带来充分的自信。

"有心栽花花不发，无心插柳柳成荫"，也许在你不经意地追求目标的过程中，成功正悄悄地走近了你呢。不懈的追求之后必会有不菲的回报，虽然这并不是你刻意地经营所得，但是生活从来不会怠慢谁，如果你不曾怠慢它的话，它一定会好好地回报你。

享受工作的幸福与取得事业的成功之间是一个良性的循环。智者可以在享受幸福的过程中轻松地取得成功，而愚者不但得不到幸福，成功也会与他背道而驰。所以这并不是一个取舍的问题，而是一种心态的问题。聪明的人懂得如何放松自己的心情，如何在工作中释放自己的热情，调动自己的兴趣，劳逸结合地工作。这样，聪明的人既享受了工作的充实与成就，也体验到了生活的乐趣。而愚者却不懂得如何在工作中释放热情、激发兴趣，遇到麻烦只是一味地抱怨和叹息，殊不知抱怨的结果只能让自己沉浸在无休止的抱怨中，而丝毫起不到补救的效果。

永远保持一种好奇的心态，去探索和发现生活中的美，这样生活会时时充满了发现的乐趣；永远不要对自己失望，学着最大限度地发挥自己的潜力，和自己赌一把，这样生活会时时充满挑战的乐趣；永远不要抱怨，要么另辟蹊径放弃它，要么坦然接受面对它，这样，生活就会少了很多乏味与沮丧；永远不要找客观原因，一切问题都在你这里，学着像领导一样勇敢地扛起来，即使有时候这并不是你的错，这样你会更快地成为一名领导……经过种种的努力之后，你会发现，原来生活从未亏待过自己，不经意间，自己已经收获了很多。这样比起抱怨来抱怨去却一无所获是不是明智很多呢？

六、意志力是成功的先导

六大能力中的第六个能力，这也是我们每个人要想成大事，要想被重用，最重要的一个能力，就是在担当力的基础上，升级为战斗意志力。古今中外，任何一个有成就的企业，或者一个人，无一例外，都具有强烈的战斗意志力。任何事情都是很困难的，成就越大，困难就越大，考验就越大。我们讲一篇《生于忧患，死于安乐》的课文，说什么劳其筋骨，饿其体肤，就是说要让你吃苦，就是要锻炼你，就是所有的事情能做什么，就是无意中都是为了成就你，就要给你这个困难，打算给你吃苦头，看你有没有战斗意志力。一个人最重要的就是看在遇到困难的时候，有没有这种战斗意志力。一个人最大的失败，就是战斗意志的消失。举例子，一个团队，一个公司，一个人，如果他放弃了，其实就真的败了。一个单子，一个项目也是一样的。来一个项目，如果你自己放弃，那就是失败了，只要你不放弃就有机会。其实我遇到很多的干部，平时很优秀，关键时刻退缩。公司遇到困难和大的项目，或者遇见纷争的时候，这个时候就看个人的表现，如果这个人是往前冲的就是有战斗意志力，如果这个人碰到问题以后就往回退了，就说领导这个还是你来吧，说明这个人还是属于胆怯的，他不会有大的成就。越是艰难，越向前，这句话非常有道理。你觉得难，人家难不难？人家也难。所以我们为什么弯道能超车呢，就是因为大部分的人都是普通人，如果他没有战斗意志力，一碰到困难就跑了，这个时候你的机会就来了，拉开差距的机会就来了。其实回想我自己的创业经历，就是在艰难的时候创业，赶上2008年的金融危机。其实我那年正因为赶上金融危机，创业才是正确的。那年行情不好，我们做代理商就是因为金融危机，其他的代理商都不好。都不好的情况下，我们的业绩一旦突出，就会得到厂家的重视，厂家就会给我们授予证书、授权厂家。如果厂家生意很好，我们有多少业绩都不重要。整体的经济环境不好导致经销商不好，厂家不好，然后我们异军突起，业绩从零开始，一下子上去很多，那么厂家就会对我们很重视。所以越是艰难的时候，越向前。2015年我们自己做萨震品牌也是一样，实体经济并不是很好，整个空压机行业里面已经是产品过剩了。有三四百家的企业都是在做同质化的产品。在这个时候，我发现经济的冬天就是节能产品的春天，客户经济越困难，他越需要省钱。愿意省钱的企业都是有理念的，而我们也自动做了客户筛选。在2015年自己创造品牌的时候，这也是一个非常好的机会，越是艰难，越向前，机会往往会伪装成困难考验你。我们很多的时候都是在困难的时候成功了，越是困难的时候，你就会越发清醒。尤其在2015年，我们相当于进行企业的二万五千里长征，那个时候确实很困难，那时我们的团队士气很好，我告诉大家说我们就是赶上这个机会了，对于我们整个萨震来说所有的困难背后，都是机会。困难的时候，要谈美好，要描绘美好的未来。通过我们这种弯道超车，公司2016年的业绩就突破了一个亿，到现在已经突破了三个亿。其实超越很简单，越是困难的时候，越是经济不好的时候，我们做节能产品会越好。失败者凡事看负面，一看，今年大家都不好，经济也不好，一上台讲话就说今年业绩没有完成，原因如下，一、二、三号，我们还算好的，还有人比我们更差，这种就是失败者，凡事看负面。成功者，凡事看正面，比如说，今年虽然个别的行情不好，难度很大，理由也很多，但是我们必须干嘛，要做得比别人更好，我们要抓住这个机会，从产品、营销、团队建设等等，从整个管理体系的建设方面，练好内功，超越别人。这是一个最好的机会,其实你把思维一转变,你就可以看到正面,正是因为经济不好,行情不好,实体不好,我们更能证明我们萨震节能产品的强大、萨震团队的强大。这是我们证明自己最好的机会。把负面转化为正面,所有的负面都是正面。包括公司可能也会存在很多的如管理、劳动合同等一些问题,如果你整天去盯着这些负面,那其实可能会越弄越差。反过来说,所有的事情都是好事。我们公司现在在发展期初创期,碰到问题能让我们防患于未然,让企业更加的强大。所以所有的坏事其实真的都是好事,所有的负面都是正面。最终来讲,衡量一个人的最终就是战斗意志力。我们做一个项目也是一样的,就是看谁有战斗意志力。我必须拿下这个单子,有必胜的信念、坚持到底的决心,而这个就是战斗意志力。

·销售时代,我们到底缺乏什么

谈到销售的时候,很多人都会下意识地认为销售工作比以前更加简单了。如今很多销售员更加注重自身素养的提升,更加注重掌握各种销售技巧和推销方式,他们往往拥有强大的社交能力与销售口才,拥有一套完整的销售理论和非常得体的销售故事。随着互联网技术和信息技术的快速发展,人们还拥有非常先进的销售方式和销售载体,拥有完善的信息网络。通常大家都会说这是一个非常好的销售时代,每一个人都可以将自己的东西推销出去,介绍给更多的人认识,但几乎每一个销售员都在谈论自己的工作如今正变得越来越难做。

在销售理论以及销售体系发展的过程中,人们常常习惯性地将销售分为"销售 1.0 时代""销售 2.0 时代""销售 3.0 时代",其中"销售 1.0 时代"侧重于大众营销,整个销售活动是开放式、面对大众的,实行无差别化的销售理念。由于销售人员认为自己的产品会被所有消费者接受,以至于销售的方向并不那么明确,也缺乏市场划分的重点。

到了"销售 2.0 时代",销售员开始积极划分市场,对消费者和客户进行合理划分,并对不同层次的消费者实行有针对性的销售方法。分众策略的实施实际上明确了市场的层次,毕竟任何一种产品都不可能真正被所有人接受和喜欢,它只适合某一阶层或者某一领域内的人。图书可以划分为老人喜欢的养生学书籍,年轻人喜欢的玄幻系列和言情小说系列,中年人喜欢的管理类,以及儿童喜欢的儿童书籍等。

"销售 3.0 时代"也叫"创意营销传播时代",它的最大特点就在于改变了过去那种单纯追求对消费者进行信息灌输的销售模式,注重通过媒体的创新、内容的创新、传播沟通方式的创新来征服目标受众。

可是随着销售理论的改变、销售模式的改进，人们并没有觉得自己的销售变得更为轻松，虽然整个销售体系会更加牢固，整个销售网络也可以快速铺开，但是信息的干扰、过多的选择、激烈的竞争环境，这些都导致人们在获得技术优势的同时丧失了原本的销售优势。

在传统的销售方法中，人与人之间的接触范围不大，接触的机会也相对要少一些，因此，提升交易成功率的常用方法就是频繁接触。面对同一个或者同一批客户时，销售员会想方设法多次提到并推销自己的产品，他们会强化这种趋势，直到说服对方。这种频繁接触就需要消耗巨大的能量，而这些正是如今的销售模式中比较缺乏的东西。

比如，很多销售员第一天在城东的步行街上没有卖出去一件产品，那么第二天他可能就放弃了这一片区域，选择城西的街道或者城北的社区。而一些人会选择再次尝试在同一批人面前推销自己的产品，不厌其烦地描述和介绍产品的性能、优势。

在这一方面，或许销售人员应该向安利公司的员工学习。安利公司的销售员或许是世界上最执着的推销员，他们会坚持走家串户，亲自上门推销产品，而且人们常常会发现，这些人几乎每天或者每隔一天就会出现在门外，直到某一天住户掏钱为止。尽管很多时候，人们对安利公司的这种模式感到厌烦，但不得不说，在安利模式下，销售员的工作成果比一般人更为显著。而这就是销售时代所欠缺的一种重要精神，也是销售人员最需要培养的一种精神特质，这种特质就是意志力，这就是销售时代人们最容易忽视的一个要素。

·不可不知的意志力

销售员可以通过多种方式来证明自己的能力和价值，但是他们最需要证明的有时候反而是自己对这份工作所投入的信心和决心，看看自己能不能坚持得更久一些，看看自己能否完成更多的任务。他们更加需要表明自己有足够的意志力来应对各种可能存在的困难和危机，有足够的意志力来提升个体的成长空间。

那么什么是意志力呢？对于销售员来说，这种意志力主要体现在什么方面，或者以何种方式呈现出来呢？

关于意志力的定义问题，心理学家弗洛伊德最早提出了一种看法，他认为一个人克制某种冲动往往需要耗费大量的能量，这样他就没有更多的能量去做其他事情了。

按照弗洛伊德相对模糊的说法，意志力和能量消耗有关，但却是一个升华的过程，一个伟大的人会将自己的一些冲动性力量提升为个人的工作动力和灵感，但意志力具体是什么，他并没有说清楚。心理学家罗伊·鲍迈斯特否定了"升华说"，他更加认同意志力消耗是人们对自己的思维、感受和行为的调节能力减弱的过程，于是他在这个理论的基础上提出了"自我损耗"的观点。

不久之后多伦多大学的两个研究者迈克尔·因兹利奇和珍妮弗·古特塞尔借助脑电图法窥探了大脑处理多种多样问题的方式，两个人将焦点放在了名叫前扣带皮层的脑区，该脑区是人体的"冲突监控系统"，时刻注意着"正在做的"和"想要做的"之间是否存在差异，这样的特殊功能使得它成为自我控制的关键。

从生理学的角度分析，这是大脑前扣带皮层消极怠工的表现，或者说自我损耗引起了前扣带皮层的消极怠工。接下来，心理学家又提出了一个新颖的观点，那就是心理学家达里尔·贝姆提出的"按时做作业"与"穿干净袜子"之间存在负相关的看法。一般来说，人们会认为一个学生如果会按时做作业，那么往往也会勤换袜子，但事实并非如此。他发现很多按时做作业的学生并不喜欢勤换袜子，而那些喜欢穿干净袜子的学生，也很少会按时完成作业，尤其是在考试期间，他们的自我约束力和自律精神都会受到严峻的挑战。因为人们会在一些自律行动中产生很大的损耗，因此没有多余的精力去接受其他的约束。

这种自我损耗的现象在生活中非常常见，人们总是需要消耗一些额外的能量做一些抑制性的举动，这也是一种自我调节的能力，或者说就是意志力。作为心理学中的一个概念，意志力主要是指一个人自觉地确定自己的行为目的，然后根据这个目的来支配、调节自己即将采取的行动的一项能力。在整个行动过程中，人们需要克服各种挫折和困难，从而精准地实现目的。

·意志力挣扎：马与骑手的拉锯战

从销售的角度来说，意志力的作用不可或缺，意志力的有效运用可以为销售活动提供坚实的保障，可以有效提升自己对整个销售过程的控制。对于那些优秀的销售员来说，意志力是一个重要的品质，因此，人们需要成熟地运用自己的意志力来完善销售行为，提升销售的效率和效用。

一般情况下，人们会把意志力的运用分为四大类。第一大类是控制思维。这种思维控制在于摒弃其他方面的干扰而保持专注，尤其是当个人的行为动机非常强烈，或者拥有某种强大的执行意愿时，人们更需要保持专注，并且强化某些既定的认知。

第二大类是控制情绪，主要负责控制和调节情绪。对于销售员来说，繁重的业务压力、恶劣的工作环境、处处找碴儿的客户，以及无时无刻不在的激烈竞争，这些都会影响他们的心情，让他们产生想要放弃的念想。而真正让人担忧的是，情绪似乎总是捉摸不定，人们总是无法对其进行有效控制，这就使得人们经常会被情绪反制和操纵，从而影响自己的销售工作。

第三大类是控制冲动，对于意志力来说，控制冲动是一个最基本的功能，这种控制就是人们所熟知的抵制诱惑的能力，比如对金钱、美色、美食、衣服、奢侈品等诱惑的抗拒。

第四大类是控制表现、绩效、成绩，其主要表现在于将个人的能量集中用于当前的任务，确保执行的速度、力度和准确度，同时督促自己在放弃的念想产生时继续坚持下去。销售员在日常工作中应该重点关注自己在工作中的表现，同时关注自己对思维、情绪的控制，确保自己能够拿出最佳的表现和绩效。

不过这些控制并不容易实现，因为每个人心中都会有一些干扰性的因素出现，或者说，每个人的心里都有一些冲动的情感在破坏他的意志力以及理性行为。著名心理学家弗洛伊德提出了一个"马与骑手"的理论，在这个理论中，马代表了人类的冲动和激情，是人类最原始欲望的释放机制，一般归结于潜意识的范畴。马扮演了一个非常冲动的角色，它的行为模式非常原始和直接，充满了激情，但常常也非常鲁莽。它不喜欢委曲求全，只要想到什么就会立即去做，只要决定了要做什么，就会不管不顾。它总是倾向于欲望的满足，倾向于让自己处于一种活跃的状态，但若是遭遇了一些不顺心的事情，马就会产生消极应对的情绪，它常常会阻碍人们的理性思维，并且在一些感到困难的事情面前妥协和退让，或者直接予以放弃，而选择一些让自己感到愉快的事情。正因为如此，马常常是拖延的制造者，也是个人意志力的主要障碍，它不太喜欢人们过多地在一些自己不喜欢去做或者感到困难的事情上消耗过多的能量，这与它"享乐至上"的理念不符，所以它会不断制造一些障碍，不断提醒大脑应该放弃眼前的工作。

马会做出让自己感到压力最小的选择，而与之相反的就是骑手，他代表了人类大脑中的理性思维，他非常善于进行推理和计划，最重要的工作就是努力确保所有的事情能够按照事物的本来规律运行，约束人们做出更加合理的举动。

马与骑手之间存在一种"双议程困境"，即外在目标和内在目标的冲突。其中，外在目标代表的是骑手的利益，销售员想要完成销售任务，想要实现业绩目标，这些就是外在目标的体现。而内在目标是马的意志，而马的意志主要体现在舒适的、愉悦的、享受的、自由的理念上。趁着空当去喝一杯，或者和其他同事唱歌，又或者换一份工作，这些都是内在目标的体现。

对于马与骑手来说，这种矛盾非常明显。而在销售活动中，马与骑手之间的这种拉锯战经常会出现，如果销售员大脑中的骑手不够坚定和强大，就会被马的行为左右，就会被马的行为带偏。因此，人们需要打破这种困局，让意志力得到更好的发挥和运用，保证销售活动有序进行。

华为公司的创始人任正非曾经说过一句话："华为没有成功，只是在成长。"虽然华为如今已经成为市场上最出色的通信设备制造公司，无论是收益、体量，还是技术创新，都已经成为市场领头羊，但是任正非仍旧清醒地意识到这样一个问题：要保持市场份额以及市场的话语权，就需要保持韧性，需要拿出更强大的意志力去应对持续的竞争。而从时间来说，华为本身就是通过几十年的坚持与煎熬，才赢得了如今的地位，才能够在通信设备销售领域领先于思科、爱立信等巨头公司。

在一个充满销售元素的环境中，人们每天都会接触各种各样的销售员，卖保险的业务员、超市的售货员、菜市场里的商贩、街边推销产品的摊主、各个学校的招生代理人、股票市场的经纪人、产品供应商等，这些人的职业都和销售有关，当人们处在这样一个环境中时，意志力比想象中的更加重要，它代表了一种执着、一种立场、一种信仰，也代表了个人对市场竞争最基本的态度，从某些方面来说，意志力正在取代技巧和硬实力，成为销售能力的重要证明。

萨震精神

·永远保持一个好心态

1.决不轻言放弃

要想成为一名优秀的销售员,毫无疑问,需要有不同常人的销售业绩。拥有大量的客户群,不断地签订订单是成为优秀销售员的保证。但销售员在走向优秀的过程中,在面对客户销售产品或服务的过程中,被客户拒绝几乎是不可避免的事情。面对拒绝,任何一个销售员都要有一种决不放弃的精神和意志,这是取得成功的前提条件。

成功者决不放弃,放弃者绝不会成功。遭到拒绝挫折时,销售员要有"再努力一次"的决心和毅力,决不轻言放弃。裁判员并不以运动员起跑时的速度来判定他的成绩和名次,要想取得冠军荣誉,必须坚持到底,冲刺到最后一瞬。唯有如此,成功才有可能青睐你。

遇到困难和挫折时,要持之以恒,不要轻言放弃,这是优秀的销售人员必备的心理素质。那么,作为销售人员,在工作中遇到困难时,具体该怎么办呢?

坚定意志

销售工作是一项充满挑战的工作,不管遇到多少挫折,也不管周围的人如何看待你,销售员都不要轻言放弃,没有什么可以阻止你迈向成功的脚步。

遭到拒绝时泰然处之

面对拒绝时,销售员要保持平和心态,认真反思一下自己是哪个环节做得不够好,是对客户信息了解得不够清楚,还是交谈之中的语言技巧需要提高。对于销售人员来说,挫折失败是家常便饭。优秀的销售人员遭受挫折后,能够很快地调整情绪,不断地积累经验,继续努力向前。

2.学会换个角度思考

失败不是注定的,有时候只是需要销售员稍微调整一下思考问题的方法,换一个角度看问题，再往前迈一步，成功也许就会走来。

·永远保持自信

自信是一个人对自我能力的一种肯定，是一个优秀的销售人员必备的心理素质。成功始于自信，拥有自信，销售人员就能够在屡遭拒绝后，重新敲响下一个客户的门，因为他坚信：我一定能做成这笔单子。

只有对自己充满信心，才能使你以高涨的热情、饱满的精神状态去面对顾客。客户对你的第一印象是非常重要的，如果你留给顾客一种萎靡不振的感觉，就会加重顾客对商品的排斥和对你的不信任。

认为自己无法推销出去，那么你永远也推销不出去。假若你不是那种"见钱眼开"而频繁更换自己商品的推销员，那么我想你推销的一定是你自己非常喜欢的商品。选择推销商品的同时，你就应该对你的推销充满自信。有什么理由去怀疑自己，怀疑顾客？你不是去欺骗顾客，有什么可害怕的呢？你要想着，自己只不过是替公司向他们推荐一种最合适、最好用的商品，对他们绝对有益。

培养一种乐观的心态

一个具有乐观心态的人，做事更有成效，成功的可能性更大。要以一种积极的必胜的心态面对人生，在我们没有做事情之前，不要想到糟糕的结果，一切还没有尝试，谁知道它就一定会失败呢？就算真的失败了，我们也应该想到这何尝不是为下一次的成功做垫脚石呢？我们要敢想敢做，勇于面对工作中的挫折，接受一个又一个的挑战，越挫越勇。

积极学习相关知识

销售员要用产品知识来武装自己的头脑，如果能够将自己销售的产品或服务的功能、价值、优势等知识背得滚瓜烂熟，并在头脑里反复想着如何开头，如何在最短的时间内把产品或服务介绍清楚，就可以在很大程度上增强自信心。当自己没有自信心时，不要急于去见客户或打电话，要静下心来熟悉产品，想好要和客户谈什么，怎么谈。在你自己可以回答这些问题后，再开始拜访客户或打电话。

对自己的工作能力充满信心

许多销售员在工作一段时间后，开始缺乏自信心，对自己产生怀疑，这是大可不必的。翻开成功推销员的成长史，不难发现，几乎没有一个人天生就是推销员的"料"，人人都可以通过不断的学习和实践成为优秀的推销员，真正的差别在于勤奋的程度不同。

人有所长亦有所短,只要善于思考、善于实践,不仅自身的优势可以得到充分发挥,某些劣势也可能转化为优势。

对服务的产品、企业充满信心

任何产品只要具有使用价值,就会存在需要它的特定消费者群,推销员的责任就是去寻找和满足这部分消费者。同时,任何产品在市场上都有相对优势和相对劣势,承认产品的不足,并不意味着必然失去顾客,因为消费者并不是非十全十美的产品不买。对于自己企业的状况,辩证地分析过后,我相信不管企业现在的处境如何,一个想成功的推销员还是会保持他那份信心的。在我们充分了解了客户的所需所想后,在足够相信自己的企业后,我们完全有理由相信自己能够将产品或服务推销出去。

·拒绝恐惧感

优秀的销售人员应该拒绝恐惧感,勇敢地战胜自己在销售过程的各个环节产生的恐惧感。不管恐惧感的产生来自哪方面,如果我们战胜不了来自自我心理的恐惧感,要想顺利愉快地与客户沟通是很困难的。

初入营销行业的员工,在沟通之初可能因为客户毫不留情、满脸不耐烦的拒绝而感到窘迫难堪,然后狼狈逃出。遭遇几次这样的经历以后,他们在内心产生了一种恐惧感,甚至自卑。下一次去拜访客户之前,他们就会有选择地去挑选客户,来逃避自身产生的恐惧感。

因为恐惧失败,有些销售人员往往采取这样的拜访原则:面对大公司大人物却步,面对豪宅高门止步。也许为了保住自己的那点自尊心,他们轻易地放过了很多机会。想一想,当我们为了片刻的轻松而轻易放弃眼前的推销机会时,我们将向往下一次的逃避,如此一来,将不得不面对更为沉重的业绩压力。如果不能勇敢面对客户的拒绝带给我们的挫折恐惧感,不能在客户的拒绝后信心百倍地去和下一个客户进行沟通,我们就很难在这个行业坚持下去。

在销售的各个阶段,年轻的销售员都会表现出不同的恐惧心理,例如,在拜访之前绕道而行,寻找令自己感觉安全一点儿的对象等。很多时候销售员就是在犹豫不决中丧失最佳的拜访时间和数目更大的单子的。

要想成为一个成功的销售员,就要拒绝恐惧,做到轻松愉快地和客户沟通,只有那样才能创造销售奇迹。

· 端正自己的职业态度

1. 正视挫折

新从业的销售人员,第一次工作就遇到客户说"不"时,会产生胆怯的心理;或者是连续遭到客户的拒绝后,就心生恐惧,停滞不前。遇到这种情况时,你应该提醒自己,失败乃兵家常事,实践,再实践,胜利就在前面。

2. 勇于向自己的恐惧开炮

不管你性格开朗与否,当你走过从前避开的大公司大企业时,试着走进去,做一般不愿做的尝试。要相信,那里成功的机会更大,因为其他销售员也畏惧这些地方,从而给你留下了机会。对于一个有素养的成功人士来说,他是不会对你的推销工作感到厌恶的,很多情况下他们会怀着一颗仁慈的心给你一次机会;即使失败也会给你积累销售资本,使你下次更有把握。

3. 在实践中战胜恐惧

不管我们怎么想,怎么做,要真正地克服恐惧感,必须在实践中锻炼。如果你没有一次战胜恐惧的先例,内心没有胜利感,当你去拜访客户时,也许脚还没迈出家门你就害怕了。而这样的胜利感必须在与客户的沟通中产生。所以,要不断尝试,不断进步,在实践中淡化自己的恐惧感。

· 不卑不亢,赢得尊重

一个人要想赢得别人的尊重,就要有一种不卑不亢的为人处世的心态。销售员也一样,在面对客户时,一定要做到既不妄自菲薄、唯唯诺诺,也不趾高气扬、目中无人。如果做不到这些,销售工作就很难获得成功。

在销售领域里,存在"顾客就是上帝""客户就是一切"的理念,而销售人员会因为对理念认识的偏差产生了在销售过程中失衡的表现。在上帝的面前,许多人会虔诚、服从,而销售员的职业自卑感也容易产生于此。如果销售员把客户的拒绝看成是对其能力、形象的不接受,把自己看作上帝不喜欢的人,那么,为了使上帝满意,他们有时候会把公司利益抛开,一味地对客户做出让步,甚至在有风险的项目上很快与对方签单。这些都是销售员自卑心理的体现。

不卑不亢是待人接物的最高境界,一个想成功的销售员一定要把它作为处理日常工作的法则,自觉地做好这一点。如果自卑,你在工作与生活中,就会感到"自己事事不如人"，自己先否定了自己，就不要说遇到困难时会奋斗拼搏、锐意进取了。自卑的心理是通过自卑者本人过多的消极自我暗示自我否定而产生的，如果自卑，在与人交流中你的优势也会因你的吞吞吐吐、没有胆量自我展示而发挥不出来；而失败时你会频频向你的缺陷回望，助长你的自卑心理。销售员在与客户的交涉中如果不能战胜自己的自卑心理，那么一旦遭到客户的拒绝，你就会对自己失去信心，就不能把自己积极的应变能力发挥出来。

1.正确看待自卑

自卑是自我消极情绪的流露，除了我们自己以外，没有人能贬低我们。除非你自己想做一个自卑的俘虏，让自己的行为、心情束缚在自卑的牢笼里。一个人可能会因为自己的出身、长相、某方面的缺陷不如周围的人而自卑，但我们可以通过自己后天不断地追求来赢得别人的尊重。况且在职业的领域里，是没有贵贱之分的。

2.塑造坚强的性格

有自卑倾向的人，要通过锻炼、自我教育等方法，培养自己坚强的性格。不为对方偏激的情绪、言语所打倒，要有冷静的高瞻远瞩的气概，让你坚强的性格在实践中为你战胜困难。虽然有多次失败的经历，但要相信付出就有收获，没有奋斗就没有胜利，靠你的执着与不舍赢得客户。

3.为自己的职业角色定位

任何一种职业的存在，都有它存在的理由。销售员不应该怀疑自己职业的荣誉感，在面对客户时要做到自然大方、从容不迫，用自己真诚的服务赢得客户的喜爱。要喜爱你所选择的行业，敬业、乐业，从你的职业自卑中走出来，用你的热情投入工作，赢得尊重。

·视拒绝为正常

在销售过程中，销售人员碰到客户拒绝的可能性远远大于销售成功的可能性。拒绝，就像销售的影子一样，与销售永远在一起。

销售人员训练之父雷达曼说："销售是从被拒绝后开始的。"可以说，销售过程中的被拒绝是极为频繁的。那么，销售员要以怎样的心态来面对拒绝呢？销售员需要明白，遭受拒绝不等于失败。在被拒绝后感到绝望的人，泪水会模糊他的视线，那时即使老天大发慈悲让天上掉下元宝也砸不到他的头上。

在销售领域，销售员最可能遇到什么样的拒绝呢？要如何分析，并选择应付技巧呢？我们先来看最常遇见的情形：

情形一：

"××经理，您好，我是××公司的业务经理……"

"哦，你们公司啊，我知道，我知道，东西很不错，价格也很好，但我们目前没有这方面的需要。这样吧，你留个地址和电话，我们下次需要了再和你联系。"

这一种类型的人最普遍，一看就知道他在委婉地拒绝你。客户一旦知道你是做什么的，清楚了你的来意后，马上就开始拒绝了。也许他本身有一定的身份地位，所以他采取的是比较温和的拒绝方式，顾及了你的感受。这样的客户拒绝你的原因可能是看惯了每天无数次上门的销售活动，内心排斥这种现象，并不关心你的产品和你提供的服务。你要消除客户的戒心，慢慢地接近客户，世上并不存在没有需求的客户。

情形二：

"××经理，您好，这是我们公司最新的产品……"

"同类的产品我用过不少，没有一个我满意的，我不相信你们能做得比他们好。"

这样的客户是对产品不信任，同类产品的影响造成了他的思维定式，很难改变。面对这样的客户，如果你回答"我们没有听过这样的情况啊，不会这样吧？"等等，则是非常不正确的，只会引起客户的反感，因为这样讲无异于怀疑他的人格。正确的应对方法是首先要弄清楚事情的原因，再针对客户最关心的、最怀疑的问题提出解决办法。这个时候也往往说明你的销售是值得的，只要你的产品真的比同类产品好，你就有可能获得更大的市场，因为同类产品满足不了市场的需求。

情形三：

"××总，您好，我上次送来的资料您看过了吗？"

"资料我们看过来了，但是这件事情关系重大，我们还得再考虑考虑。"

这样的顾客一看就是需求客户，存在需求的客户，他的考虑只不过是想多了解同类产品或服务的更多信息。面对这样的托词，如果销售员出于礼貌而说："那好，您再考虑考虑吧。"那将是你最大的失误，等你几天以后再去时得到的答复往往就是："不好意思，我们已经选择了别家的产品了。"所以这时候，销售员必须当机立断，你可以采取行动，直接询问他到底还有什么疑问。

·向更高目标看齐

当端正了自己的心态后，销售员就应该不断地寻找并实现下一个目标。你也许是本企业的销售冠军，但你要与他企业的销售员竞争。当你超越了所有人的时候，你更应该积极进取，要知道冠军要超越自己的纪录更是一种考验，成功的人只有不满足现状，积极进取才会更加成功。

萨震压缩机（上海）有限公司，成立于 2009 年，工厂位于上海市金山区金山工业区金流路 188 号，公司集研发、制造、营销、服务于一体，以"更智能、更节能、更可靠、低噪音"著称，是一家专注于节能空压机的品牌制造商。

萨震是上海市高新技术及专精特新企业，拥有认证的能效实验室，产品全线超越国家 1 级能效标准，多款产品入选国家"能效之星"产品目录，目前拥有 52 项国家认证证书，通过了 ISO9001、ISO14001 等认证。

萨震公司是行业首家获得"能效之星"的品牌，证书编号 001 号，拥有节能空压机整机和型线的发明专利。

萨震拥有 325 名员工，在国内外拥有 100 多个销售及服务网点，是首家大规模替换进口品牌的节能空压机厂家。截至目前，萨震累计销售节能空压机超过 2 万台，累计销售节能空压机功率超过 200 万 kW，为用户累计节省了约 100 亿元的电费，累计为我们的地球降低约 1000 万吨碳排放。

未来出书计划

《制造业企业的经营管理》
《如何打造销售冠军》
《如何打造销售冠军团队》

参考文献

[1]希夫·凯拉.赢在好心态：从憧憬到成功的心理突破[M].余小霞，译.北京：北京时代华文书局，2018.

[2]迈克尔·刘易斯.思维的发现：关于决策与判断的科学[M].钟莉婷，译.北京：中信出版社， 2018.

[3]琼·亨特.成功：有效处理工作和生活压力[M].张宇栋，等，译.海口：海南出版社，2010.

[4]克莉丝汀·哈维.成功销售[M].朱祺子，译，杭州：浙江大学出版社，2019.

[5]西蒙·黑兹尔戴恩.神经学销售：用客户舒服的方式沟通和销售[M].夏金彪，屈云波，译.北京：企业管理出版社，2015.

[6]川上彻也.好销售都是讲故事高手[M].朱悦玮，译.长沙：湖南文艺出版社，2019.

[7]托马斯·赫伯特·拉塞尔.一个优秀销售员的自我修炼[M].钱志慧，译.苏州：古吴轩出版社，2018.

[8]杨朝福.意志力销售法[M].北京：台海出版社，2019.

[9]彭茜.关系、参考群体行为和销售人员灰色营销决策[M].北京：北京理工大学出版社，2017.

[10]赵春林.决策至上：科学决策是成功的第一要素[M].北京：金盾出版社，2018.

[11]王建.快速制造销售人员：模压式训练系统[M].北京：新华出版社，2007.

[12]金书娟.员工素质提升与职业能力塑造[M].北京：中国言实出版社，2010.

[13]斯默尔.销售人员第一本书[M].北京：中国民航出版社，2003.

[14]伍春林.上班前神奇3小时[M].天津：天津人民出版社，2016.

[15]罗杰·道森.销售人员谈判训练：绝对成交[M].于卉芹，译.北京：中国商业出版社，2002.

[16]宋晓东.情绪掌控，决定你的人生格局[M].成都：天地出版社，2018.

[17]品墨.好好工作：有效的职场精进技巧[M].北京：新华出版社，2019.

[18]宋豫书.最佳销售员全能训练：快速到达销售冠军的技能[M].广州：广东经济出版社，2007.

[19]郭海龙.销售人员人际关系360°沟通技巧[M].北京：企业管理出版社，2010.

[20]侯宝辉.感恩精神：优秀员工的职业基准[M].北京：西苑出版社，2010.

[21]杨华.销售飞跃靠组织[M].北京：机械工业出版社，2021.

[22]杨君红.成长的历练：积累智慧[M].西安：太白文艺出版社，2013.

[23]朱圣金.深度销售[M].北京：中国友谊出版公司，2018.

[24]邵小波，张照.敢于担当[M].北京：企业管理出版社，2014.

[25]王威.销售就是玩转情商[M].北京：中国纺织出版社，2020.

[26]刘俊山.提升敬畏意识的修炼[M].北京：九州出版社，2015.

[27]希文.深度成交：如何实现可持续性销售[M].北京：中华工商联合出版社，2021.

[28]赵春涛.销售：从新手到高手[M].北京：中国铁道出版社，2018.

[29]孟志强.结果第一：团队的执行[M].北京：中国海关出版社，2008.

[30]郑和生.打造高效执行力[M].长春：吉林出版集团股份有限公司，2018.

[31]梁银亮.销售心理学：不懂心理学，你还敢做销售[M].北京：企业管理出版社，2018.

[32]姜朝川.执行力：如何带出嗷嗷叫的团队[M].北京：民主与建设出版社，2018.

[33]刘晓丽，高志敏，杨柳，等.科学逻辑视域下的决策思维[M].武汉：华中师范大学出版社，2014.

[34]杨钢.第一次把事情做对：一个改变所有组织和个人的有效工作哲学和方法.北京：新华出版社，2006.

[35]顾歌.好心态成就好工作[M].桂林：漓江出版社，2018.

[36]白莉红，易凡.做一名有责任感和使命感的员工[M].北京：中国言实出版社，2011.

[37]连永明.销售就是搞定人心[M].北京：北京联合出版公司，2017.

[38]吕国荣.执行力是管出来的：打造高效执行力的58个关键[M].北京：中国纺织出版社，2014.

[39]波波羊，蒋志军.职场加速·时间管理：每天多出2小时[M].长沙：湖南教育出版社，2019.

[40]朱华锋.销售业务类型与技能[M].合肥：中国科学技术大学出版社，2017.

[41]姜得祺.身价：让高端人脉成为你的有效资源[M].南京：江苏凤凰文艺出版社，2018.

[42]戴佳晋，屈建华.要做好销售，先带好团队[M].广州：广东旅游出版社，2019.

[43]思履.别让心态毁了你[M].长春：吉林文史出版社，2017.

[44]许晓兰.给你一个团队，销售主管怎么带[M].北京：中国财富出版社，2017.